Forum Geschichte 4
Eine Schriftenreihe des Stadtmuseums zur Geschichte Bonns im 18. bis 20. Jahrhundert

Adolf Hitler am „Deutschen Rhein"

NS-Prominenz aus der Sicht eines Hobbyfotografen

Begleitpublikation zur gleichnamigen Ausstellung des Stadtmuseums Bonn
(31. Januar bis 17. März 2003)

hrsg. von Horst-Pierre Bothien

Zur Schriftenreihe „Forum Geschichte" des Stadtmuseums Bonn.
Bisher sind erschienen:

Forum Geschichte 1
Horst-Pierre Bothien, Wegweiser durch die Literatur zur NS-Geschichte in Bonn.
Eine Bibliographie, Bonn 1998 (Ergänzungsheft 1999), EUR 7.50.

Forum Geschichte 2
Nikolaus Wasser, Bonner Kommunist und Widerstandskämpfer – Erinnerungen (1906-1945),
hrsg. v. Horst-Pierre Bothien, Bonn 1999, EUR 7.50.

Forum Geschichte 3
Horst-Pierre Bothien, Das war das 20. Jahrhundert in Bonn,
Gudensberg 2002, EUR 19.80.

Titelbild:
Heinrich Hoffmann inszeniert Adolf Hitler, geknipst von Theo Stötzel

Redaktionelle Überarbeitung: Susanne Krüger

Layout und Bildverarbeitung: Harald Ott, Bonn

Druck: Runge, Cloppenburg

ISBN 3-89861-157-4
© Klartext-Verlag Essen 2003

Inhalt

Vorwort von Hans Mommsen 5

Vorbemerkung des Herausgebers 7
    Anmerkungen 9

Adolf Hitler am „Deutschen Rhein" – NS-Prominenz aus der Sicht eines Hobbyfotografen
von Horst-Pierre Bothien 11

Adolf Hitler, Bad Godesberg und das Rheinhotel Dreesen 13

Die Fotoserien 19

  1. „...zu kameradschaftlichem Beisammensein und ernster Arbeit." – SA-Stabschef Ernst Röhm und eine sommerliche Führertagung 21

  2. „... die Fahne ist mehr als der Tod!" – Reichsjugendführer Baldur von Schirach und „Hitlerjunge Quex" 37

  3. „... die Ufer aufs festlichste geschmückt." – Adolf Hitlers Schiffsreise zur Saarlandkundgebung 47

  4. „Bad Godesberg liegt an der Pforte der Schönheit." – Balkonszenen mit Adolf Hitler 59

  5. „Alles für unsern Führer!" – SA-Stabschef Viktor Lutze auf „Wahlkampfreise" 71

  6. „... um im kleinen Kreis seinen 35. Geburtstag zu feiern." – NS-Prominenz sucht Erholung am Rhein 81

  Anmerkungen 93

Fotografie und Propaganda – Ikonographische Bemerkungen über NS-Prominenz im Medium der Fotografie
von Britta Weber 95

Zur Inszenierung der Macht: Adolf Hitler und Heinrich Hoffmann 97

Theo Stötzels Momentaufnahmen 105

   1. Der Reichskanzler in entspannter Atmosphäre 105

   2. „Hitlerjunge Quex" am „Deutschen Rhein" 109

   Anmerkungen 113

Kurzbiografien der abgebildeten Personen 115

Eine Chronik vom Januar 1933 bis zum März 1936 121

Quellen und Literatur 125

Zu den Autoren 128

Vorwort

Es ist fast unmöglich, Fotos der NS-Prominenz zu finden, die nicht gestellt oder für propagandistische Zwecke bestimmt waren. Das gilt zumal für Adolf Hitler selbst, der sich in aller Regel weigerte, sich fotografieren zu lassen. Nur von seinem Hoffotografen Heinrich Hoffmann, der seit den frühen 20er Jahren zu seinem engeren Gefolge gehörte, ließ er Aufnahmen von sich zu. Dieser nützte das ihm eingeräumte Privileg und machte daraus ein Vermögen. Hitlers Scheu, sich abbilden zu lassen, lässt etwas von seiner inneren Unsicherheit ahnen, die er, wenn er sich beobachtet glaubte, durch äußere Posen verdeckte. Vor diesem Hintergrund besitzt die von dem Hobbyfotografen Theo Stötzel stammende Fotosammlung aus den Jahren 1933 bis 1936 besonderen Wert, denn sie zeigt die abgebildete NS-Prominenz und nicht zuletzt Hitler gleichsam unbeobachtet.

Stötzel nützte die Gelegenheit, NS-Prominente bei wiederkehrenden Treffen oder Wochenendaufenthalten in dem bei Hitler und Parteikreisen beliebten Hotel Dreesen in Bad Godesberg aufzunehmen. Es handelte sich um Führerbesuche, Führertagungen aber auch private Feiern, die den Anlass dazu boten, ohne dass er die Fotos verwertete. Sie zeigen die NS-Potentaten in einer eher entspannten Atmosphäre und spiegeln etwas von dem hinter der Propagandafassade vor sich gehenden Alltag im Regime, wobei in dieser frühen Zeit die notorischen Antipathien der NS-Potentaten gegeneinander noch nicht hervortraten. So erweckt die Fotodokumentation eines Führertreffens vom Sommer 1933, das auf die Initiative Ernst Röhms zustande kam, den Eindruck eines innigen Einvernehmens zwischen Oberster SA- und Reichswehrführung, während die letzte Fotoserie von 1936 den Personenkult um Viktor Lutze, den Nachfolger Röhms, beleuchtet. Hitler erscheint in den Bildern etwas weniger verkrampft als in den offiziellen Aufnahmen, und es fällt auf, dass er, wenn auch umgeben von Satrapen, merkwürdig isoliert und kontaktarm wirkt. Aufnahmen der ganzen NS-Prominenz, übrigens auch des Darstellers des Hitlerjungen Quex, tauchen in dem wieder entdeckten Bildmaterial auf und vermitteln einen lebhaften Eindruck von der uniformierten Männergesellschaft, die für das NS-Regime typisch war.

Die von Horst-Pierre Bothien im einzelnen erläuterten und sorgfältig datierten Fotos bieten zusammen mit den klugen ikonographischen Erläuterungen von Britta Weber interessante biografische, vor allem aber atmosphärische Aufschlüsse. Ich bin sicher, dass diese vom Stadtmuseum Bonn herausgegebene Bilddokumentation breites Interesse bei der zeitgeschichtlich interessierten Öffentlichkeit finden wird.

Hans Mommsen

Vorbemerkung des Herausgebers

Das Stadtmuseum Bonn versucht seit längerer Zeit, vielfach in Zusammenarbeit mit privaten Vereinigungen, eine Aufarbeitung der Geschehnisse, die in unserer Stadt während des „Dritten Reiches" stattfanden. Dabei standen bisher die Erforschung und Darstellung der Verfolgung und des Widerstandes Bonner Bürger im Mittelpunkt des Interesses. Es gelang, einen tiefen Einblick in dieses Thema zu gewinnen.[1]

In einer zweiten Phase will das Stadtmuseum nunmehr das „braune Bonn" näher in Augenschein nehmen. Zu einer ehrlichen Aufarbeitung der Zeit gehört die Beschäftigung nicht nur mit den Opfern, sondern auch mit den Verantwortlichen und Tätern. In zwei Ausstellungen wollen wir uns diesem Thema nähern:

Eine erste Ausstellung beschäftigt sich mit Fotos, die uns vor ein paar Jahren von privater Seite zur Verfügung gestellt wurden. Es handelt sich um Bilder des Hobbyfotografen Theo Stötzel, dem es gelang, Besuche Adolf Hitlers und anderer prominenter Nationalsozialisten im Rheinhotel Dreesen zu dokumentieren. Die Privataufnahmen schienen uns derart interessant, dass bald der Entschluss gefasst war, sie im Rahmen einer Ausstellung mit einer Begleitpublikation der Öffentlichkeit bekannt zu machen.

Eine weitere Ausstellung, ebenfalls mit einer erläuternden Publikation, wird Anfang 2004 oder 2005 das eigentliche „braune Bonn" zum Thema haben, insbesondere die Geschichte der Bonner NSDAP und ihrer Organisationen. Darüber hinaus sollen besondere Ereignisse sowie die Lebensläufe von hiesigen NS-Funktionären beleuchtet werden.

Die hier erstmals gezeigten Privatfotos stammen von dem Hobbyfotografen Theo Stötzel.[2] Er lebte in Rüngsdorf, einem Stadtteil von Bad Godesberg, und nahm die Fotos im Zeitraum zwischen 1933 und 1936 auf. Sie zeigen hohe NS-Politiker während verschiedener Arbeitstreffen im Rüngsdorfer Hotel Dreesen, in Konferenzpausen und während einer Schiffstour auf dem Rhein in ungezwungener, fast privater Atmosphäre – Fotos, die sich in der Mehrheit von den bekannten, vielfach veröffentlichten NS-Propagandafotos erheblich unterscheiden. Natürlich sind wir uns der Problematik bewusst, Aufnahmen von Männern in privat-beruflicher Atmosphäre zu veröffentlichen, die für den Terror, der nach 1933 Deutschland überzog, hauptverantwortlich waren. Aus dokumentarischen Gründen entschieden wir uns aber für eine kommentierte Veröffentlichung. Eine kritische, ikonographische Einordnung der Bilder gibt der nachfolgende Aufsatz von Britta Weber.

Über viele Jahrzehnte waren die etwa 400 Negative, eng gerollt in Metallfilmdosen, beinahe vergessen. Erst nachdem Theo Stötzel und seine Frau gestorben waren, entdeckte man sie bei der Wohnungsauflösung wieder. Einige Zeit darauf wurden sie aus dem Nachlass des Sohnes Hans-Joachim an dessen Freund, den Journalisten Gerhard Krüger, zur freien Verfügung weitergegeben; die Angehörigen hatten keine Verwendung dafür. Einige der Filmstreifen wurden abgezogen und riefen großes Erstaunen hervor, hatte man über die Bildmotive nur wenig gewusst. Durch den plötzlichen Tod Krügers kam es zu keinen weiteren Nachforschungen mehr. Seine Witwe Lilo Krüger übergab später die Sammlung dem Stadtmuseum zur Auswertung, wohl wissend, dass die Fotos von historischem Interesse sein könnten. Das Presseamt der Stadt Bonn übernahm die komplizierte Arbeit, Abzüge von den Filmrollen herzustellen.

Wie konnte ein Privatmann wie der Hobbyfotograf Theo Stötzel so nah an die damalige NS-Prominenz gelangen, wurde der Tagungsort doch durch SS-Einheiten der Leibstandarte „Adolf Hitler" und der Bonner SS gesichert und abgeschirmt? Und welchem Zweck diente die zeitaufwändige „Knipserei"?

Stötzel war eine Zeitlang Schüler des Godesberger Pädagogiums.[3] Zur gleichen Zeit weilte auch Rudolf Heß hier.[4] Wahrscheinlich lernten beide sich kennen und schlossen Freundschaft. Dass eine besondere Beziehung zwischen Heß und dem Fotografen bestanden haben muss, beweist ein keineswegs zufällig aufgenommenes Foto, auf dem beide nebeneinander stehen.[5] Diese Verbindung wird den Zugang zu den Hotelgästen erlaubt haben.

Rudolf Heß und Theo Stötzel.

Eine weitere Vermutung ist, dass seitens des Bad Godesberger Bürgermeisters Alef oder/ und seitens der Hotelbesitzer Dreesen sicherlich ein Interesse daran bestand, hochrangigen Besuch im Bild festzuhalten. Zwar nahm Hitlers Leibfotograf Heinrich Hoffmann,[6] der mitunter auch auf den Schnappschüssen zu erkennen ist, ebenfalls Fotos von den Aufenthalten im Hotel auf. Aber eine unabhängige und breitere Dokumentation sowie Bildmaterial von Besuchen, bei denen Hitler nicht dabei war, waren von ihm nicht zu erwarten. Auch fällt auf, dass auf den Fotos der Bürgermeister und die Hotelbetreiber sehr häufig zu sehen sind. So ist es wahrscheinlich, dass beide Seiten Theo Stötzel ansprachen und ihn baten, „dabei zu sein."[7] Die Bekanntschaft mit Heß hätte dann den näheren Kontakt sicherlich erleichtert. Dass zumindest der Bürgermeister von Stötzels Arbeit profitierte, beweisen einige seiner Fotos, die in Alefs Nachlass gefunden wurden.

Das Archiv des Fotografen bestand gewiss nicht nur aus den etwa 400 vorliegenden Negativen. Dies belegen die mitunter unvollständigen Filmstreifen und auch weitere, anderswo aufgefundene Abzüge.[8] Auch sind die Besuche der NS-Prominenz insgesamt nur fragmentarisch überliefert. Dass die hier gezeigten Fotos mit dem Jahr 1933 beginnen und mit dem Jahr 1936 enden, ist vielleicht Zufall. Man wird aber bemerken können, dass das Interesse an den NS-Besuchen nach der „Machtergreifung" enorm stieg. Nach Bad Godesberg kamen nunmehr der Reichskanzler, verschiedene Reichsminister und hohe NS-Funktionäre mit Regierungsfunktionen. Man kann also vermuten, dass die gezielte Dokumentation erst 1933 einsetzte. Sie bricht dann mit dem Jahre 1936 ab. Möglicherweise war ein Zerwürfnis zwischen dem Bürgermeister und dem Fotografen der Grund hierfür.[9]

Die Stötzel-Negative waren undatiert und nicht beschriftet. Es bedurfte umfangreicher und mühevoller Recherchen, die Fotos zeitlich einzuordnen und die abgebildeten Personen zu identifizieren. Wertvolle Hinweise erhielten wir von Zeitzeugen und Fachleuten. Verschiedenste Quellen wurden zu Rate gezogen, vor allem damalige Zeitungen. So konnten viele Gesichter erkannt und die meisten Bilder datiert werden. Wo dies nicht möglich war, konnten begründete Vermutungen angestellt werden.

Das Stadtmuseum ist der Überzeugung, eine nachdenkenswerte Ausstellung und Begleitpublikation präsentieren zu können. Ich bedanke mich bei Lilo Krüger für die Bereitstellung der Fotos sowie bei den Zeitzeugen Leni Erdmann, Fritz-Georg Dreesen, Klaus-Otto Kühne sen. und Ingrid Schampel für wertvolle Hinweise. Dank gilt auch Rüdiger Michael, Franz-Dietrich Frhr. von Recum, Hermann Weiß und dem Bundesarchiv in Koblenz, die mir bei der Identifizierung der abgebildeten Personen halfen, sowie Susanne Krüger, die die mühsame Aufgabe der redaktionellen Überarbeitung übernahm.

Horst-Pierre Bothien

Nicht alle abgebildeten NS-Funktionäre konnten identifiziert werden. Wer aufklärende Hinweise geben kann, melde sich bitte im Stadtmuseum Bonn.

Anmerkungen

1 Einen Überblick über den Stand der Forschung gibt Bothien, Wegweiser.
2 Über Theo Stötzels Lebenslauf war wenig in Erfahrung zu bringen. Der Sohn eines Predigers war 1894 in Godesberg geboren worden und starb dort 1968. In den Adressbüchern der zwanziger Jahre gab er die Berufsbezeichnung „Kaufmann" an. Ab Mitte der dreißiger Jahre fungierte er als Geschäftsführer eines Bad Godesberger Kinos. Nach dem Krieg leitete er ein Theater in Königswinter.
3 Laut Auskunft von Klaus-Otto Kühne sen., dem ehemaligen Leiter der Schule, besuchte Stötzel die Schule von 1906 bis 1911.
4 Heß, der ebenfalls 1894 geboren wurde, besuchte die Schule von 1908 bis 1911. Vgl. Pätzold/ Weißbecker, Heß, S. 17 ff..
5 Das Foto – im Text im Ausschnitt abgedruckt – zeigt Heß, Stötzel und eine weitere Person, wie sie sich – zur Erinnerung – fotografieren lassen. Neben ihnen auf dem Boden ist ein Foto zu erkennen, das einem der üblichen Klassen- oder Schulfotos ähnelt – ein Hinweis darauf, dass sich wohl ehemalige Schulkameraden trafen.
6 Zu Hoffmann und seinen Fotos vgl. Herz, Hoffmann & Hitler.
7 Dies vermutet auch die Tochter des ehemaligen Bürgermeisters Alef, Leni Erdmann. Sie meint, ihr Vater, der stets vor den Besuchen informiert wurde, hätte daraufhin den Fotografen bestellt.
8 Es wurden nur wenige Stötzel-Fotos in Veröffentlichungen gefunden. Im Buch „Die Stadt Bad Godesberg" sind einige abgedruckt, ein anderes Foto wurde in Schmidt, 20 Jahre Soldat (vor S. 193), ein weiteres in der „Godesberger Woche" (12. im Wonnemond [Mai] 1935) gefunden. Darüber hinaus befinden sich Stötzel-Fotos im Nachlass des Bad Godesberger Bürgermeisters Alef.
9 Leni Erdmann wusste von einen solchen Streit zu berichten. Durch Fotos, die Stötzel bei einer Beerdigung aufgenommen hatte, wurde der Frau des Bürgermeisters bekannt, dass dieser eine Freundin hatte. Daraufhin fiel der Fotograf bei ihm in Ungnade.

Adolf Hitler am „Deutschen Rhein" –
NS-Prominenz aus der Sicht eines Hobbyfotografen

von Horst-Pierre Bothien

Adolf Hitler, Bad Godesberg und das Rheinhotel Dreesen

Adolf Hitler, Bad Godesberg und das Rheinhotel Dreesen

„Es gab im Reich eine große Anzahl von Plätzen und Aufenthaltsorten, zwischen denen sich Hitler viele Jahre seines Lebens hin- und herbewegte. München, Berchtesgaden, Berlin, Nürnberg, Weimar, Bayreuth und Godesberg ... war etwa die Rangordnung der Plätze nach der Häufigkeit der Besuche, die Hitler ihnen abstattete."[1] Es ist eine eindrucksvolle Liste, die hier der ehemalige NSDAP-Reichspressechef Otto Dietrich in seinen Memoiren aufgestellt hat; und wer immer etwas über das „Dritte Reich" gelesen hat, erkennt leicht die Bedeutungen und Funktionen dieser Orte für Hitler. Aber warum Bad Godesberg, diese kleine, etwa 30 000 Einwohner zählende Gemeinde, die erst 1935 zur Stadt erhoben wurde? Was bot sie dem „Führer", was zog den oft in Symbolen denkenden Hitler hierher und mit ihm eine große Schar von Mitarbeitern und Mitstreitern?

Man ist weitgehend auf Spekulationen angewiesen, will man ergründen, warum Hitler den Weg nach Bad Godesberg fand und in den folgenden Jahren immer wiederkehrte. Am 28. November 1926 kam er zum ersten Mal nach seiner Haft und nach Abzug der französischen Truppen ins Rheinland, um in der Bonner Beethovenhalle eine Rede zu halten.[2] Offiziell wurde die Veranstaltung als geschlossene Parteiversammlung deklariert, da es Hitler in Preußen noch verboten war, öffentlich aufzutreten. Die rheinischen Parteiorganisationen waren nach dem NSDAP-Parteiverbot seit 1925 wieder im Aufbau begriffen, der rührige Gauleiter Rheinland-Süd Robert Ley[3]

Adolf Hitler auf dem Weg zur Saarlandkundgebung auf dem Ehrenbreitstein bei Koblenz 1934. Im Hintergrund das Rheinhotel Dreesen.

sorgte für einige Bewegung. Er wird sich gefreut und gewiss auch darauf hin gewirkt haben, dass der „Führer" endlich im Rheinland agitierte. Warum man gerade Bonn wählte, ist nicht mehr zu ergründen. Vielleicht wollte man die erste Rede zunächst einmal in einer kleineren Stadt halten, um Stimmung und Wirkung zu testen.[4] Außerdem kannten engste Vertraute Hitlers die Atmosphäre in der traditionsreichen Universitätsstadt. Joseph Goebbels hatte hier studiert,[5] und auch Rudolf Heß kannte durch seinen Schulbesuch in Godesberg die Region.

Hitlers Rede wurde ein Erfolg. Der eher konservative „General-Anzeiger" konnte nicht umhin, seine Redebegabung zu würdigen und bemerkte: *„Ein großer Redner reißt Tausende hin; sicherlich, wenn es sich um Dinge handelt, in denen von Heldentum die Rede ist und rosige Jugend gläubiger Zuhörer ist. So war der frenetische Beifall, der sich in immer wiederholenden ‚Heilrufen' spontan äußerte, verständlich."* [6]

Schon vor dieser Veranstaltung musste die Unterkunftsfrage geklärt worden sein. Wie nun die NS-Führungsmannschaft auf das Hotel Dreesen[7] verfiel, kann heute nicht mehr eindeutig beantwortet werden. Vielfältige Vermutungen werden geäußert: Fritz Dreesen, einer der Hoteleigentümer, wäre ein Kriegskamerad Hitlers gewesen,[8] oder: Bonner Hotels hätten es abgelehnt, den Tross aufzunehmen. Dies behaupteten vor allem immer wieder Nationalsozialisten, so etwa der ehemalige Gauleiter von Köln-Aachen Josef Grohé: *„Anfügen möchte ich hier, daß der Führer auch nach der Machtübernahme sehr häufig und deshalb so gern in Godesberg weilte, weil das Hotel Dreesen ihm damals Gastfreundschaft gewährte, während andere Hotels die Hergabe eines Zimmers für den Revolutionär verweigerten."*[9] Ob dies zutrifft oder nur ein Teil der romantisch-revolutionären Stilisierung der Geschichte der NSDAP ist, sei dahin gestellt. Ein konkreter Nachweis für diese Behauptung wurde bisher nicht gefunden.

Erwiesen ist, dass Rudolf Heß das Rheinhotel aus seiner Schulzeit auf dem Bad Godesberger Pädagogium kannte. Seine Eltern, die in Ägypten lebten, stiegen dort ab, wenn sie ihn besuchten, und die Schule veranstaltete hier regelmäßig ihre Feste.[10] So wird Heß das vertraute Hotel empfohlen haben, obwohl eine Übernachtung in Bonn näher gelegen hätte. Aber Hitler wollte Ende November nicht nur als Redner in der Bonner Beethovenhalle auftreten, sondern hatte auch für den 1. Dezember 1926 ein Treffen mit rheinischen Wirtschaftsführern vereinbart, das im „Düsseldorfer Hof" in Königswinter, auf der gegenüberliegenden Rheinseite, stattfinden sollte. Ley hatte diese schon sehr frühe Kontaktaufnahme mit der Wirtschaft eingefädelt, zu der sich etwa 80 Teilnehmer einfanden. Hitler sprach über *„Deutsche Wirtschafts- und Sozialpolitik"*.[11] Unter diesen Umständen ein Quartier in der Nähe der Fähre nach Königswinter zu suchen, machte durchaus Sinn.

Lag es also wahrscheinlich in erster Linie an Heß, dass Hitler nach Bad Godesberg kam, so sprechen andere Gründe dafür, dass er so häufig wiederkam. Weit über 70 mal soll er sich hier aufgehalten haben.[12] Das Zählen der Besuche wurde zumindest in Rüngsdorf zu einer Art Hobby, musste die Wagenkolonne doch jedes Mal durch die engen Dorfgassen fahren, was sicher für einigen Wirbel sorgte. Die Volksschule vermeldete zum Beispiel im August 1933: *„Reichskanzler Hitler weilte nun* schon zum 42. Male im Rheinhotel Dreesen."[13] Im September 1935 feierte die Presse überschwänglich den 50. Besuch. Diese Zahl wird man wohl dem Hotel-Gästebuch entnommen haben, das seit dem Einmarsch der Amerikaner 1945 verschollen ist.[14] Ganz Bad Godesberg war offenkundig stolz darauf, dass der Reichskanzler so oft zugegen war, und man feierte das Jubiläum entsprechend pompös. Bisher konnten aus den verschiedensten Quellen insgesamt 28 Besuche Hitlers tatsächlich nachvollzogen werden.

Es kann also kein Zweifel daran bestehen, dass er gern hier war und dass er gastfreundlich aufgenommen wurde. Zumeist benutzte er die wenigen Tage des Aufenthalts, um sich zu erholen oder um informelle Arbeitsgespräche zu führen. Aber Hitler dachte auch in Symbolen und zeigte dies zunehmend demonstrativ nach außen hin. Was lag näher – wenn er in den Westen kam – als unmittelbar am „Schicksalsfluss Rhein" zu residieren, und zwar auf der linken Seite. Das war ein deutliches Zeichen gegenüber den westlichen Nachbarn, denn Ernst-Moritz Arndts patriotische Zeilen: „Der Rhein – Deutschlands Strom, nicht Deutschlands Grenze" besaß gerade damals, als Hitlers Reisen an den Rhein begannen, eine erhebliche Aktualität, war die Gegend um Köln und Bonn bis Anfang 1926 noch von den Franzosen besetzt gewesen.

Aber auch die Romantik, die von diesem Ort am Rhein ausgeht, wird Hitler eingenommen haben. Wie soll er einmal gesagt haben: Bad Godesberg „... liege an der Pforte der Schönheit."[15] Und auch das sagenumwobene Siebengebirge, wo der germanische Sagenheld Siegfried einen Drachen getötet haben soll, wird dem „Führer" gefallen haben. Dass in der Nibelungenhalle[16] unterhalb des Drachenfels Richard Wagner gehuldigt werden konnte, rundete die Sache ab. Die Gegebenheiten stimmten so perfekt, dass sich das Hotel Dreesen zu einem der Lieblingsaufenthaltsorte Adolf Hitlers und in der Folge auch zum gern besuchten Ziel für weitere NS-Prominenz entwickelte.

Die Gemeinde Bad Godesberg war vor der „Machtergreifung" jedoch gar nicht glücklich über diese Besucher. Die Polizei beobachtete und kontrollierte sie argwöhnisch. Dies spiegelt ein Dokument aus dem Januar 1932 wider, in dem gleichzeitig Hitlers persönlicher Stab, der ihn in der Regel begleitete, genannt wird:

„Polizeiamt Bad Godesberg, den 26.1.32
Heute vormittag sind im Rheinhotel Dreesen in Bad Godesberg folgende Herren abgestiegen, die sich in Begleitung des Führers der Nationalsozialisten, Adolf Hitler, befinden:
1.) Adolf Hitler
2.) Hess (Personalien noch unbekannt)
3.) Julius Schreck aus München, geb. 13.7.1898
4.) Präsident Wilhelm Ohnesorge aus Berlin
5.) Dietrich, M.d.R. (Personalien noch unbekannt)
Gestern abend 25.1. haben bereits im Rheinhotel Dreesen Wohnung genommen:
6.) Sekretär Julius Schaub aus München, geb. 20.8.1898
7.) Stadtrat Heinrich Hoffmann aus München, geb. 13.9.1885
8.) Pressechef Dr. Otto Dietrich aus München
9.) Oberleutnant a. D. Wilhelm Brückner aus München, geb. 11.12.1884

Die Herren bleiben voraussichtlich bis Donnerstag hier wohnen. Heute abend fahren sie, wie ich hörte, nach Düsseldorf, wo Hitler vor den Industriellen sprechen wird. Hitler hat einen großen, offenen Mercedes-Kompressorwagen (Kennzeichen II A 19357) bei sich.
Heute nachmittag verlangten zwei Herren, wovon einer schwarze Reiterstiefel und schwarze Hosen trug, Herrn Hess zu sprechen. Die beiden Herren fuhren mit dem Motorrad mit Beiwagen IY 2203 vor. Weiteres konnte ich nicht feststellen. Kriminalkommissar Hofmann von der politischen Polizei Köln habe ich fernmündlich in Kenntnis gesetzt.
gez. Hützen
Polizeikommissar
Der Bürgermeister als Polizeibehörde"[17]

Die „Machtergreifung" 1933 machte aus den geduldeten Fremden gern gesehene, ja hofierte Gäste. Die neue kommunale Führung nutzte ihre Anwesenheit weidlich zur eigenen Imagepflege. Angekündigte Besuche wurden organisatorisch gut vorbereitet. Schaulustige säumten jubelnd die Straßen und die örtlichen Partei- und Gemeindevertreter sorgten für eine persönliche Begrüßung. Die Lokalpresse, insbesondere das NS-Organ „Westdeutscher Beobachter", wies immer wieder auf Hitlers Aufenthalte hin, so mancher wurde besonders ausgiebig kommentiert. Bad Godesberg wurde dann meistens als „Lieblingsaufenthalt des Führers" bezeichnet, wie zum Beispiel in einem ganzseitigen, bebilderten Bericht im „Westdeutschen Beobachter" vom 28. März 1936, der die Stadt mit all ihren Vorzügen vorstellt.[18] Der Vorschlag einiger Kommunalpolitiker, mit den Besuchen des Reichskanzlers werben zu dürfen, wurde von Hitler allerdings abgelehnt.[19]

Die Fotoserien

1. „... zu kameradschaftlichem Beisammensein und ernster Arbeit." – SA-Stabschef Ernst Röhm und eine sommerliche Führertagung

1. „. . . zu kameradschaftlichem Beisammensein und ernster Arbeit." – SA-Stabschef Ernst Röhm und eine sommerliche Führertagung

In der Anfangszeit des „Dritten Reiches" wuchsen die Spannungen zwischen SA und Reichswehr. Die SA hatte den Kampf um die Macht geführt und ihr Stabschef, Ernst Röhm, forderte nun die „zweite – soziale – Revolution". Die SA sollte eine Art Volksmiliz bilden, die Reichswehr dagegen eher als Hilfsorgan fungieren. Diesen Plänen widersetzten sich die Militärs. Sie beanspruchten als Dank für ihre Zurückhaltung während der „Machtergreifung" den Ausbau ihrer angestammten gesellschaftlichen Position als Waffenträger der Nation. Die Konkurrenzsituation wurde bekanntlich am 30. Juni 1934 mit der Ausschaltung von Röhm und anderen zugunsten der Reichswehr entschieden.[20]

Vor diesem Hintergrund ist die Führertagung am 19. und 20. August 1933 im Hotel Dreesen zu sehen, bei der diese Fotos entstanden. Hohe SA- und SS-Führer, Reichswehroffiziere und Funktionäre des Bundes der Frontsoldaten (Stahlhelm) kamen zusammen und auch der Reichskanzler nahm teil.

Es hat einige solcher Konferenzen gegeben, die mitunter zu wichtigen Beschlüssen führten. So wurde zum Beispiel bei der Zusammenkunft in Bad Reichenhall vom 1. bis 3. Juli 1933 vereinbart, Teile des Stahlhelms in die SA einzugliedern. Das Treffen in Bad Godesberg war in dieser Hinsicht weniger wichtig, obwohl Röhm und Hitler Grundsatzreden hielten. Vielmehr diente die Begegnung eher – und das lassen auch die Fotos erahnen – dem „kameradschaftliche(n) Beisammensein" und weniger der „ernste(n) Arbeit."[21]

SA-Stabschef Ernst Röhm begrüßt im Garten des Hotels Dreesen seine Gäste. Knapp ein Jahr später, in den Frühstunden des 30. Juni 1934 begann Adolf Hitler von hier aus seine Reise nach Süddeutschland, um seinen einstigen Vertrauten Röhm verhaften zu lassen – der Beginn der Aktionen gegen die sogenannte „Röhm-Revolte". Röhm, zahlreiche höhere SA-Führer und andere Oppositionelle wurden ermordet.

Hohe Reichswehroffiziere, Funktionäre des Stahlhelms, SA- und SS-Führer treffen zur Führertagung vor dem Hotel Dreesen ein.

Ein Stimmungsbild gibt das NS-Parteiblatt „Westdeutscher Beobachter":

„‚Der Führer kommt nach Godesberg'. Das war seit Tagen und Wochen das Tagesgespräch in Godesberg, Bonn und der weiteren Umgebung. Festlich geschmückt waren die Straßen der Stadt, kein Haus ohne das Banner des Dritten Reiches. Schon am Freitag herrschte eine Festesfreude, als die ersten Wagen der SA- und SS-Führer eintrafen und am Rheinhotel Dreesen parkten. Die große Führertagung unter Leitung des Stabschefs Röhm sah wohl sämtliche Führer und Verantwortlichen der Wehrmacht, der Reichsmarine, der SA und SS sowie des Stahlhelms. ...

Aus Anlaß seiner (Hitlers, H.-P. B.) Anwesenheit fand am Samstagabend ein Feuerwerk statt, das bis heute wohl in Godesberg in diesen Ausmaßen nicht gesehen wurde. Herrlich anzuschauen der deutsche Rhein im bunten Flammenlicht, dazwischen die Freuden- und Böllerschüsse. Der Führer trat dann ins Freie, wo er von der wartenden Menschenmenge immer wieder von neuem stürmisch begrüßt wurde." [22]

im Auto sitzend:
SA-Obergruppenführer August Wilhelm Prinz zu Preußen, der vierte Sohn des Kaisers Wilhelm II.

Von den Machtkämpfen des Jahres 1933 zwischen den Führern von SA, SS, Reichswehr und Stahlhelm, die hinter den Kulissen stattfanden, ist auf den Fotos nichts zu spüren. Im Gegenteil: Es scheint sommerliche Feststimmung zu herrschen. Man erkennt unter anderen den Stabschef der SA, Ernst Röhm, SA-Obergruppenführer August Wilhelm Prinz von Preußen, Generalleutnant Ludwig Beck und SA-Obergruppenführer Franz Ritter von Epp.

Oberst Heinz Guderian (r.), der spätere Panzergeneral und Chef des Generalstabes.

Generalleutnant Ludwig Beck (r.), der spätere Chef des Generalstabes. Nach Kritik an Hitlers expansionistischer Politik trat Beck 1938 zurück. Er schloss sich der militärischen Opposition an und beteiligte sich an der Planung der Verschwörung vom 20. Juli 1944. Nach dem Scheitern des Putsches versuchte er den Selbstmord, wurde dann von einem Feldwebel erschossen.

Oberst und Chef des Stabes im Wehrkreis I Erich Hoepner (r.), der spätere Panzergeneral. Nach Differenzen mit Hitler wurde Hoepner 1942 aus der Wehrmacht entlassen. Er schloss sich dem militärischen Widerstand an und wurde nach dem Scheitern der Verschwörung vom 20. Juli 1944 hingerichtet.

Weitere NS-Funktionäre und Militärs betreten den Garten des Hotels Dreesen.

Nach Abschluss der Tagung begibt sich SA-Stabschef Ernst Röhm ans Rheinufer, um mit seinen Gästen eine Bootsfahrt auf dem Rhein zu unternehmen.

Am Rheinufer vor dem Hotel Dreesen.

außer Ernst Röhm sind zu erkennen:
oben rechts (die drei Personen in der Mitte v. l. n. r.):
Referent beim Staatssekretär im Reichsluftfahrtministerium Karl Bolle, Staatssekretär im Reichsluftfahrtministerium und späterer Generalfeldmarschall Erhard Milch sowie Staatssekretär im preußischen Staatsministerium Paul Körner.

links:
Staatssekretär Paul Körner begrüßt den SA-Stabschef.

oben rechts:
Reichsführer SS und späterer Chef der Deutschen Polizei Heinrich Himmler (r. neben Röhm), daneben Staatssekretär Erhard Milch, daneben der Befehlshaber des Wehrkreises VI Wolfgang Fleck.

unten:
neben Röhm: Chef des Ministeramts im Reichswehrministerium Walter von Reichenau, der spätere Oberbefehlshaber der Heeresgruppe Süd.

unten:
rechts neben Röhm: Reichsführer SS Heinrich Himmler, Reichsstatthalter Franz Xaver Ritter von Epp, Chef des Ministeramts im Reichswehrministerium Walter von Reichenau und Staatssekretär Erhard Milch.

Reichsstatthalter in Bayern Franz Xaver Ritter von Epp auf dem Weg zum Boot.

Die Fotoserien 33

Ritter von Epp, Ernst Röhm und weitere Teilnehmer auf dem Bootsanleger.

Die Bootsfahrt beginnt.

Die Fotoserien

2. „... die Fahne ist mehr als der Tod!" – Reichsjugendführer Baldur von Schirach und „Hitlerjunge Quex"

2. „... die Fahne ist mehr als der Tod!" – Reichsjugendführer Baldur von Schirach und „Hitlerjunge Quex"

In drei Kinofilmen stellten die Nationalsozialisten 1933 ihren „opferreichen Kampf um die Macht" dar: Die Ermordung des SA-Mannes Horst Wessel 1930 wurde im Film „Hans Westmar" in Szene gesetzt. Auch in „SA-Mann Brand" geben die Protagonisten, die SA- und HJ-Prototypen Brand und Lohner ihr Leben hin, Letzterer mit einem pathetischen „*Jetzt gehe ich zu meinem Führer*" auf den Lippen. Schließlich geht es in „Hitlerjunge Quex" um die Geschichte des fünfzehnjährigen Hitlerjungen Herbert Norkus, der 1932 bei Auseinandersetzungen zwischen Kommunisten und Nationalsozialisten in Berlin ums Leben kam. Es sind diese NS-Parteifilme, die in undifferenzierter und trivialer Weise, aber emotional anrührend, den Straßenkampf vor der „Machtergreifung" aus der Sicht der Nationalsozialisten verklären, wobei der Tod nicht als Tragik, sondern als Opfer für die „Bewegung" begriffen wird. Entsprechend endet der Film „Hitlerjunge Quex" mit der Liedzeile: „*... die Fahne ist mehr als der Tod!*"[23]

„Hitlerjunge Quex" spielt im Berliner Arbeitermilieu. Ein Kommunist drängt seinen Sohn Heini, der kommunistischen Jugend beizutreten. Dieser lernt aber die disziplinierte Hitlerjugend kennen, sympathisiert mit ihr und warnt sie vor einem Überfall der KPD. Der HJ-Bannführer überzeugt jetzt auch den Vater, nicht für die Internationale, sondern für ein nationalsozialistisches Deutschland zu kämpfen. Heini Völker, „Quex" genannt, wird engagiertes Mitglied der Hitlerjugend. Doch während einer Flugblattaktion rächt eine Bande kom-

Der Propagandafilm „Hitlerjunge Quex" wurde im September 1933 in mehreren deutschen Städten erstmals gezeigt. Überall wurden die Aufführungen bejubelt. Der Reichsjugendführer der NSDAP und Jugendführer des Deutschen Reiches Baldur von Schirach (r.) stellt sich selbstbewusst der Kamera.

Baldur von Schirach und der HJ-Obergebietsführer Hartmann Lauterbacher (r.) auf dem Weg zum „Fototermin" am Rheinufer.

Am Rheinufer vor dem Hotel begrüßt sie der Bad Godesberger Bürgermeister Heinrich Alef (im hellen Mantel) auf das Herzlichste.

munistischer Jugendlicher seinen Verrat und er stirbt den Märtyrertod.[24]

Der Film erlebte am 12. September 1933 im Münchener Phoebus-Palast seine aufwändig inszenierte Uraufführung und wurde ein Riesenerfolg. Am 29. September 1933 zeigte ihn das „Moderne Theater" in der Bonner Sternstraße erstmals. Der „Westdeutsche Beobachter" feierte die Aufführung mit mehreren großen Artikeln und kommt zu dem Schluss:

„Es wird keinen echten, deutschen Jungen in Deutschland geben, der Heini Völker, dem Hitlerjungen Quex, nicht nacheifern will, denn jeder muß Hitlerjunge werden wollen, der diesen Film gesehen hat, der von ihm begeistert worden ist, sonst ist er ein Schwächling, ein Weichling, der nicht in unsere Reihen paßt und sich nie im Leben durchringen wird, er ist eben kein Junge!"[25]

Theo Stötzels Fotos entstanden wahrscheinlich anlässlich der Bonner Filmpremiere am Rheinufer vor dem Hotel Dreesen. Der Reichsjugendführer, Baldur von Schirach, der HJ-Obergebietsführer West, Hartmann Lauterbacher, und der Hauptdarsteller Jürgen Ohlsen alias Heini Völker statteten Bad Godesberg einen Besuch ab. Vermutlich waren sie auf ei-

ner Werbetour für den Film. Der Bad Godesberger Bürgermeister Heinrich Alef begrüßte die Gäste, mit dabei war seine Tochter Leni, die dem jungen Filmschauspieler eine Rose überreichen durfte. Abgelichtet sind ebenfalls die Hotelbetreiber, Hotelpersonal sowie örtliche NS-Funktionäre.

Der sechsundzwanzigjährige Baldur von Schirach hatte als höchster NS-Jugendfunktionär nicht nur die Schirmherrschaft über den Film übernommen. Er hatte auch die äußerst erfolgreiche Romanvorlage von Karl A. Schenziger veranlasst und förderte die Produktion. Darüber hinaus steuerte er den Text für das Hauptlied des Filmes „Und die Fahne flattert uns voran ..." bei.

Die Veröffentlichung des Namens des Hauptdarstellers Jürgen Ohlsen verbot von Schirach, weil der Sechzehnjährige zunächst keinen weiteren Film drehen wollte. Und: Der Hitlerjunge Quex sollte anonym als Inbegriff des Hitlerjungen gelten. Erst 1935, als Ohlsen doch wieder eine Hauptrolle annahm, wurde das Geheimnis seiner Identität gelüftet.

Jürgen Ohlsen, der als Heini Völker die Titelrolle im Propagandafilm „Hitlerjunge Quex" spielte, begleitete den Reichsjugendführer auf seiner Werbetour durchs Land. Während Heini Völker im Film durch seine Taten und seine Gesinnung als Inbegriff des Hitlerjungen gelten sollte, kam Jürgen Ohlsen auch rein äußerlich diesem Ideal sehr nahe.

links:
Die Tochter des Bad Godesberger Bürgermeisters darf dem berühmtesten Hitlerjungen Deutschlands eine Rose überreichen.

Der Jugendführer des Deutschen Reiches präsentiert sich mit seinem Hitlerjungen.
Momentaufnahmen.

Der gerade sechsundzwanzigjährige Baldur von Schirach förderte den Propagandafilm „Hitlerjunge Quex" in vielfältiger Hinsicht. Unter anderen textete er für den Film den sogenannten „Hitlerjugendmarsch". Der Refrain lautet:

„Unsere Fahne flattert uns voran
In Zukunft zieh'n wir Mann für Mann.
Wir marschieren für Hitler durch Nacht und durch Not,
Mit der Fahne der Jugend für Freiheit und Brot.
Unsere Fahne flattert uns voran,
Unsere Fahne ist die neue Zeit,
Und die Fahne führt uns in die Ewigkeit.
Ja, die Fahne ist mehr als der Tod! Tod!"

Auf dem Weg zurück ins Hotel.

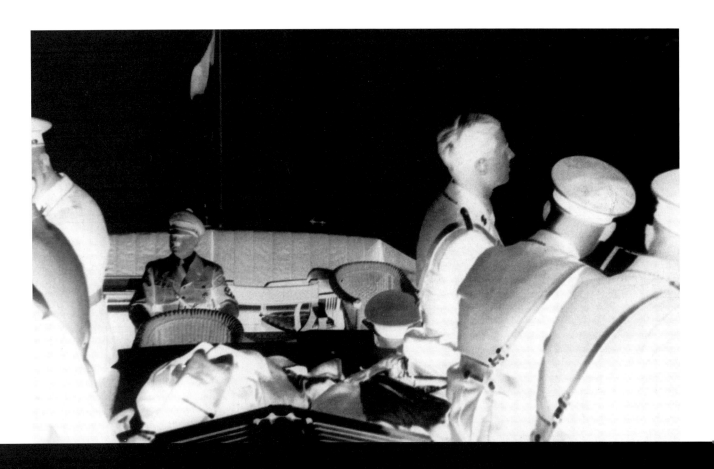

3. „... die *Ufer aufs festlichste geschmückt.*" –
Adolf Hitlers Schiffsreise zur Saarlandkundgebung

3. „... die Ufer aufs festlichste geschmückt." –
Adolf Hitlers Schiffsreise zur Saarlandkundgebung

Der Versailler-Vertrag von 1920 bestimmte, dass das unter Verwaltung des Völkerbundes stehende Saarland nach 15 Jahren, also 1935, über seine Zugehörigkeit abstimmen sollte. Die Möglichkeiten hießen: Rückkehr zu Deutschland, Beibehaltung des Status quo bis zu einer späteren Abstimmung nach dem Sturz Hitlers oder ein Votum für Frankreich. Am 13. Januar 1935 entschieden sich die Saarländer mit knapp 91 Prozent für den Anschluss an Deutschland. Der erste territoriale Zugewinn fiel dem „Dritten Reich" fast von selbst zu.

Die NSDAP unterstützte die saarländische „Deutsche Front", die für den Anschluss an Deutschland warb. Hitler persönlich schaltete sich mit zwei großen Reden im August 1933 und im August 1934 in den Wahlkampf ein, beschwor die Einheit der Nation und schürte die Angst vor einer endgültigen Abtrennung. Das Plakat „*Deutsche Mutter – heim zu Dir!*" symbolisiert diese Agitation: Der Sohn „Saarland" sprengt seine Ketten und sinkt der Mutter „Deutschland" nach langen Jahren in der Fremde gleichsam in den Schoß.[26]

Die Fotos zeigen die Fahrt Adolf Hitlers und seiner Begleitung auf dem Rhein von den Deutzer Messehallen zum Ehrenbreitstein, wo er am 26. August 1934 vor etwa 500 000 Anhängern[27] eine „flammende Rede" hielt. Die Fahrt rheinaufwärts wird zu einer eindrucksvollen Propagandafahrt. Überall jubeln ihm die Menschen zu und viele Häuser sind beflaggt. Ein sichtlich gut gelaunter Reichskanzler begrüßt vorbeifahrende

Auf der Reise zur Saarlandkundgebung:
Niemand scheint sich um den „Führer und Reichskanzler" – den mächtigsten Mann im Deutschen Reich – zu kümmern.

oben:
Adolf Hitler besteigt mit seinem Gefolge das Boot. Zu erkennen sind links hinter Hitler: Propagandaminister Joseph Goebbels und Hitlers Chefadjutant Wilhelm Brückner.

kleines Foto rechts:
am Bildrand: Adjutant der Wehrmacht bei Hitler Friedrich Hoßbach.

großes Foto rechts:
am Bildrand: NSDAP-Gauleiter des Gaus Köln-Aachen Josef Grohé.

Adolf Hitler mit seinem Leibfotografen Heinrich Hoffmann. Hoffmann war auf Reisen oft dabei, um den „Führer und Reichskanzler" bei passender Gelegenheit immer wieder abzulichten.

Rheinschiffe und genießt die ihm zuteil werdende Aufmerksamkeit.

Die Rheinfahrt von Köln bis Bad Godesberg wurde im „Westdeutschen Beobachter" wie folgt beschrieben:

„Sämtliche Uferstraßen Kölns zu beiden Seiten des Rheins waren auf 10 Kilometer Länge vollkommen mit Menschen überfüllt. Selbst auf den Dächern der Straßenbahnen hatten sich Hunderte, ja Tausende niedergelassen. Sämtliche Fenster und Dächer der Häuser waren dicht besetzt. Selbst in den Filigranen der Kölner Domtürme bemerkte man Schaulustige. …

Ein großer Stab von Beratern und Funktionsträgern begleitete Adolf Hitler auf seiner Fahrt nach Koblenz.
oben links:
Propagandaminister Joseph Goebbels, rechts daneben NSDAP-Reichspressechef Otto Dietrich.

Nie konnten wir an einer Fahrt von so eigenartiger Schönheit teilnehmen. Fahnen grüßten uns überall und Böllerschüsse. Ein ganz besonderes Erlebnis aber waren die riesigen Flottillen von Paddelbooten, Seglern und Motorbooten. ...
Dann grüßen Bonns Türme von weitem und links die Waldgipfel des Siebengebirges. Man erkennt den Petersberg und Godesberg, wo der Volksjubel ganz besondere Ausmaße annimmt. Hier sind die Ufer aufs festlichste geschmückt. Aus jedem Hotelfenster hängen Fahnen, Girlanden bekränzen die Fassaden. Ein Donner

Ein gutgelaunter Adolf Hitler grüßt vorbeifahrende Schiffe, Passagiere einiger Ausflugsdampfer winken zurück.

von Böllerschüssen empfängt hier das Motorboot. Der Führer läßt das Tempo des Bootes verlangsamen und in die Nähe des Ufers fahren, um den begeisterten Rheinländern aus der Nähe zu danken für ihre Treue. ..."²⁸

Die Fotos dokumentieren die Atmosphäre an Bord. Wieder verwundert es, welch direkten Zugang der Hobbyfotograf Theo Stötzel zu den Mächtigen erhielt. Dabei entstanden mitunter Schnappschüsse von Hitler und seinen Mitreisenden in wenig vorteilhaften Posen. Diese Fotos wären sicherlich damals nicht zur Veröffentlichung freigegeben worden.

Die Serie zeigt Hitler wie man ihn kennt: in der Pose eines Staatsmannes. Vorbei an Rüngsdorf und dem Hotel Dreesen, am Ufer wird Salut abgefeuert: ein „Triumphzug".

oben links:
Ein ähnliches Bild, allerdings von Heinrich Hoffman fotografiert, wurde später im Hitler-Kult-Buch „Adolf Hitler – Bilder aus dem Leben des Führers" veröffentlicht.

Leibfotograf Heinrich Hoffman bei seiner Arbeit. Ein Bild des „Führers" wird inszeniert.

So wie man Hitler weniger kennt: Schnappschüsse.
Zu erkennen sind: Neben Propagandaminister Joseph Goebbels Hitlers persönlicher Adjutant Julius Schaub.

4. „Bad Godesberg liegt an der Pforte der Schönheit." – Balkonszenen mit Adolf Hitler

4. „Bad Godesberg liegt an der Pforte der Schönheit." – Balkonszenen mit Adolf Hitler

Das Rheinhotel Dreesen diente in den Jahren der nationalsozialistischen Herrschaft als Tagungsort für durchaus bedeutende Konferenzen. Auch kam es unmittelbar nach Aufenthalten Hitlers in Rüngsdorf zu Ereignissen von historischer Tragweite, so dass vermutet werden kann, hier wären entsprechende Vorbereitungen getroffen worden.[29] Aber die Mehrzahl seiner über 70 Besuche galten eher der Erholung oder verbanden zumindest Arbeit und Entspannung.

Eindrücke eines solchen Aufenthalts vermitteln die hier gezeigten Bilder. Die Entstehungszeit der Fotos konnte nicht eindeutig geklärt werden. Einiges spricht dafür, dass sie Ende August 1934 aufgenommen wurden, als Hitler sich nach der Saarlandkundgebung im Rheinhotel Dreesen einquartierte.[30]

Stötzel fotografierte ihn und sein Gefolge bei der Ankunft bzw. Abfahrt vor dem Hotel. Die Szenen auf dem großen, auch heute noch existierenden Südost-Balkon vor Hitlers Suite fangen die ungezwungene Atmosphäre, vielleicht während einer Sitzungspause, ein: NS-Politiker in lässiger Pose vor dem Hintergrund des Rheinpanoramas, „an der Pforte der Schönheit."[31] (Adolf Hitler)

Neben Hitler und seinem engsten Beraterstab erkennt man unter anderen Reichspropagandaminister Joseph Goebbels und den außenpolitischen Berater Hitlers, Joachim von Ribbentrop.

Adolf Hitler vor seiner Suite auf dem Balkon des Rheinhotels Dreesen.

Wiedersehensfreude.
Adolf Hitler trifft am Hotel Dreesen ein.
Am Steuer des Fahrzeugs: Hitlers Fahrer Julius Schreck.

Adolf Hitler im Kreise seiner Berater.

oben links:
Hitlers Chef-Adjutant Wilhelm Brückner.

oben rechts:
Hitlers Adjutant Julius Schaub.

linke Seite, oben rechts:
neben Hitler: NSDAP-Gauleiter des Gaus Köln-Aachen Josef Grohé.

Balkonszenen mit Hitler.
Inszenierung für den Amateurfotografen.

Unbeobachtete Momente.

oben:
Propagandaminister Joseph Goebbels (l.).

68 Die Fotoserien

oben links:
Hitlers Abrüstungsbeauftragter und späterer Reichsaußenminister Joachim von Ribbentrop (2. v. l.).

links:
Reichsführer SS Heinrich Himmler.

Die Fotoserien

„Abschied vom 'Führer'!" Hitler, inmitten seiner Leibgarde, verlässt das Hotel. Der Bad Godesberger Bürgermeister Heinrich Alef (M.), Bonns Oberbürgermeister Ludwig Rickert (l., beide in heller Uniform) und weitere Schaulustige geleiten den Reichskanzler zum Fahrzeug.

5. „Alles für unsern Führer!" – SA-Stabschef Viktor Lutze auf „Wahlkampfreise"

5. „Alles für unsern Führer!" –
SA-Stabschef Viktor Lutze auf „Wahlkampfreise"

Unter dem Jubel der Bevölkerung marschierte am 7. März 1936 die Wehrmacht in die entmilitarisierte Zone des Rheinlands ein. Dies bedeutete den einseitigen Bruch des Versailler Vertrages. Die Vertragspartner – vor allem Frankreich und Großbritannien – hätten diesen Akt als Angriff werten und den Verteidigungsfall ausrufen können. Aber das taten sie nicht.

Im Kontext dieses erfolgreichen militärischen Coups muss man den Auftritt des SA-Stabschefs Viktor Lutze am 22. März 1936 in Bonn beurteilen. Hitler hatte gerade den Reichstag aufgelöst und für den 29. März Wahlen ausgeschrieben, um besonders gegenüber dem Ausland zu demonstrieren, wie viel Unterstützung er für seine Politik bei der Bevölkerung erhalten würde. Und tatsächlich gewann er die Scheinwahl mit 98,8 Prozent der Stimmen.

Obwohl eine solche Zustimmung als sicher galt, wurde „Wahlkampf" betrieben, wohl auch um das Ausland durch (pseudo-)demokratische Gepflogenheiten zu beruhigen – und zu täuschen. Hitler versicherte, dass er keine Gebietsansprüche an Deutschlands Nachbarn stellen werde.

Aber der „Wahlkampf" hatte auch eine innenpolitische Spitze. Die Deutschen sollten durch Massenkundgebungen zum Durchhalten und zur Disziplin aufgerufen, vor allem aber auf die unbedingte Treue zum „Führer" eingeschworen werden: *Alles für unsern Führer!*" [32]

Am Eingang des Hotels Dreesen hat sich eine Bonner SA-Formation aufgestellt. Sie begrüßt ihren Stabschef Viktor Lutze.

Am 22. März 1936 besuchte Viktor Lutze Bonn und Bad Godesberg. Vor dem Hotel Dreesen wird er herzlich empfangen.

Erschienen sind unter anderen der Bad Godesberger Bürgermeister Heinrich Alef (l.) und der NSDAP-Kreisleiter von Bonn Hans Weisheit (M.).

Aus der Rede Lutzes: „Wenn der Führer nun zur Abstimmung aufgerufen hat, dann wollen wir bei ihm stehen und ihm bezeugen, daß wir dankbar sein können für das, was er für uns durchgemacht hat. ... Auch wir wissen, daß wirtschaftlich und politisch noch nicht alles erreicht ist, was wir wünschen. ... Wir müssen dafür sorgen, daß sich der Führer nicht nur an Tagen wie heute, an Tagen der Hochstimmung, auf uns verlassen kann, sondern gerade im grauen Alltag." [33]

SA-Stabschef Lutze fuhr nach der Großveranstaltung in Bonn am frühen Nachmittag nach Bad Godesberg, um dort im Hotel Dreesen abzusteigen. Am Abend kam er nochmals nach Bonn, um dort auf dem Marktplatz den „SA-Ruf" – einen musikalisch-militärischen SA-Aufmarsch – abzunehmen. Er kehrte danach nach Bad Godesberg zurück. Die vorliegenden Aufnahmen zeigen unter anderen Lutze, Obergruppenführer Heinrich August Knickmann sowie lokale Parteigrößen.

Ein Bonner SA-Führer begrüßt seinen Stabschef mit dem Hitlergruß. Lutze erwidert den Gruß mit einem Handschlag.
hinter Lutze: Der Führer der SA-Gruppe Niederrhein Heinrich August Knickmann.

SA-Stabschef Viktor Lutze auf dem Weg ins Hotel.

Am Abend des 22. März 1936 verabschieden sich Viktor Lutze und Heinrich August Knickmann am Hotel, um in Bonn einen SA-Aufmarsch abzunehmen.

Verabschiedungsszenen.
Akribisch dokumentiert Stötzel jeden Händedruck . . .

... wie auch jeden Moment der Abfahrt.

6. „... um im kleinen Kreis seinen 35. Geburtstag zu feiern." –
NS-Prominenz sucht Erholung am Rhein

6. „... um im kleinen Kreis seinen 35. Geburtstag zu feiern." – NS-Prominenz sucht Erholung am Rhein

Das Hotel gewann durch die häufige Anwesenheit des „Führers und Reichskanzlers" sehr an Attraktivität und rückte ins Blickfeld des öffentlichen Interesses. In der Folge kamen Prominente aus dem In- und Ausland nach Bad Godesberg, um ebenfalls im Hotel Dreesen zu logieren.[34] Vor allem zogen seine Annehmlichkeiten und seine exklusive Lage unmittelbar am Rhein weitere prominente Vertreter des NS-Regimes an. Sie kamen nicht nur zu dienstlichen Zusammenkünften, sondern verbrachten in der Badestadt kurze oder längere Urlaube. Der Reichsführer SS Heinrich Himmler reiste zum Beispiel im Oktober 1935 an, „um im kleinen Kreis seinen 35. Geburtstag zu feiern."[35]

Auf den Fotos erkennt man die hohen NS-Funktionäre Rudolf Heß,[36] Hans von Tschammer und Osten,[37] Richard Walter Darré,[38] Werner von Blomberg,[39] Bernhard Rust[40] und Joseph Goebbels,[41] die Theo Stötzel bei verschiedenen Gelegenheiten zumeist im Eingangsbereich des Hotels ablichtete.

Rudolf Heß besuchte von 1908 bis 1911 das Godesberger Pädagogium. Immer wieder kehrte er hierhin zurück, wohl auch um sich mit seinen alten Klassenkameraden zu treffen.

Der „Stellvertreter des Führers" Heß unterwegs, im Hintergrund der Drachenfels.

Innenstadt von Bad Godesberg, Koblenzer Straße. Rudolf Heß bei einem offiziellen Besuch. Stötzel fotografiert aus dem vorausfahrenden Auto.

Ein sichtlich gut gelaunter Reichssportkommissar Hans von Tschammer und Osten (M.). Die Aufnahmen entstanden Anfang Mai, kurz nach seiner Ernennung zum NS-Sportfunktionär.

Der Leiter des SS-Rasse- und Siedlungshauptamtes Richard Walter Darré, der Vordenker der nationalsozialistischen „Blut und Boden"-Politik, verlässt das Hotel.

Reichskriegsminister und Oberbefehlshaber der Wehrmacht Werner von Blomberg. Er wird Anfang 1938 wegen einer „nicht standesgemäßen Heirat" entlassen.
Ankunft, Aufenthalt und Abfahrt. Alles ist im Bild festgehalten.

88 Die Fotoserien

Die Fotoserien 89

Reichsminister für Wissenschaft, Erziehung und Volksbildung Bernhard Rust.

v. l. n. r.: Oberpräsident der Rheinprovinz Josef Terboven, Landeshauptmann der Rheinprovinz Heinrich Haake, Reichsminister für Volksaufklärung und Propaganda Joseph Goebbels und Frau Terboven, anlässlich der Hochzeit von Grete und Hartmann Lauterbacher.
Goebbels notierte in seinem Tagebuch am 13. Dezember 1935 hierüber: „Fahrt nach Godesberg. Endlos langes Essen. Unterredung mit Terboven und seiner Frau. Das ist alles Putz und Tünche bei ihr. Ich bin froh, als ich abfahren kann."

Vor dem Hotel Dreesen befand sich ein Parkplatz, auf dem bei Besuchen Hitlers die Autos der „Leibstandarte-SS Adolf Hitler" parkten.

rechts:
Kommandeur der „Leibstandarte-SS Adolf Hitler" Sepp Dietrich (r.), daneben der Fahrer Hitlers Julius Schreck.

Anmerkungen

1. Dietrich, 12 Jahre, S. 162.
2. Möglicherweise war Hitler schon zuvor einmal in Bad Godesberg. Der WB v. 5.8.1935 meint: *„März 1925 Erster Besuch des Führers im Rheinhotel Dreesen."* Dies erscheint unwahrscheinlich, weil zu diesem Zeitpunkt der Ort noch französisch besetzt war. Nach einer anderen Quelle, wahrscheinlich ein Entwurf der Trauerrede des Bad Godesberger Bürgermeisters zum Tode des Hotelbetreibers Fritz Dreesen 1944 (vgl. StA Bonn Go 1746), fand der erste Besuch statt, *„nachdem die Besatzungstruppen abgerückt waren"*, was Anfang Februar 1926 geschah. Zieht man beide Hinweise zusammen, war Hitler möglicherweise schon einmal im März 1926 zu einem privaten Besuch in Bad Godesberg. In Köln war Hitler – laut den Tagebüchern von Joseph Goebbels – am 26.6.1926, hielt dort aber keine Rede.
3. Zu Ley vgl. Smelser, Robert Ley.
4. Merkwürdig bleibt, dass Hitler dann wohl nie wieder in Bonn geredet hat. Dagegen gab es große Auftritte Hitlers vor der „Machtergreifung" in Köln, so z. B. am 18.8.1930, 9.3.1932, 23.7.1932 und 30.10.1932.
5. Vgl. Die Tagebücher von Joseph Goebbels, Teil I, Bd. 1, S. 5 ff..
6. GA v. 29.11.1926.
7. Zur Geschichte des Hotels vgl. Ehlert, Das Dreesen.
8. Vgl. Shirer, Aufstieg und Fall, S. 217. Die Brüder Fritz (1884-1944) und Georg Dreesen (1891-1964) führten ab 1914 gemeinsam das Hotel Dreesen. Nach dem Tod Fritz Dreesens 1944 stieg sein Sohn Fritz-Otto (1907-1972) in die Geschäftsleitung ein.
9. Grohé, Der politische Kampf, S. 341.
10. Auskunft Fritz-Georg Dreesen.
11. Vgl. WB v. 28.3.1936. Hier ist auch die Einladung abgedruckt.
12. In dem Entwurf einer Gedenkrede zum Tode des Hotelbesitzers Fritz Dreesen 1944, der wahrscheinlich vom Bad Godesberger Bürgermeister Heinrich Alef stammt, wird sogar von über 100 Besuchen gesprochen. Vgl. StA Bonn Go 1746.
13. Schulte, 100 Jahre, S. 32.
14. Auskunft Fritz-Georg Dreesen.
15. WB v. 28.3.1936.
16. Im Juni 1913 hatte eine kleine Wagnergemeinde unterhalb des Drachenfels einen Richard-Wagner-Gedächtnistempel eingeweiht. Kernstück der Halle sind die zwölf großen Gemälde des Malers Hermann Hendrich über die Nibelungensage.
17. LHA Koblenz 403/16736.
18. Im Jahr 1933 war sogar eine Postkartenserie mit Bildern von Hitler vor dem Hotel Dreesen im Umlauf mit der Aufschrift: *„Rheinhotel Dreesen, Bad Godesberg, der Lieblingsaufenthalt des Reichs-Kanzlers Adolf Hitler."* Die Serie wurde von *„Photo-Hoffmann, München"* herausgegeben.
19. Andere Orte konnten es dagegen sogar durchsetzen, nach Hitler umbenannt zu werden, so wie z. B. in Ostpreußen der Ort Sutzken, der nun Hitlerhöhe, und ein See in der Nähe von Oppeln, der nun Hitlersee hieß. Vgl. Kershaw, Hitler 1889-1936, S. 612.
20. Zum Thema vgl. Longerich, Die braunen Bataillone, S. 179 ff., und Sauer, Die Mobilmachung der Gewalt, S. 255 ff..
21. Vgl. die Artikel im WB v. 21.8.1933 über dieses Treffen.
22. WB v. 21.8.1933.
23. Letzte Zeile des Liedes *„Und die Fahne flattert uns voran ..."*
24. Zum Thema: Hoffmann. Film. Klaus, Deutsche Tonfilme. Reclams Lexikon.
25. WB v. 3.10.1933.
26. Zum Thema: Paul, Deutsche Mutter. Dort ist auch das Plakat abgedruckt.
27. Laut WB v. 27.8.1934.
28. WB v. 27.8.1934.
29. Immer wieder erwähnt werden in diesem Zusammenhang Hitlers Reise am 30. Juni 1934 von Bad Godesberg nach München, um dort den „Röhm-Putsch" niederzuschlagen, sowie Hitlers Treffen mit dem englischen Premierminister Arthur Neville Chamberlain 1938. Vgl. hierzu Domarus, Hitler. Zum Chamberlain-Besuch vgl. Schulte, Hitler und Chamberlain.
30. Die meisten der identifizierten Personen waren nachweislich damals mit Hitler unterwegs, und auch das erkennbare Wetter weist auf einen Sommertag hin.
31. WB v. 28.3.1936.
32. Artikelüberschrift des WB v. 23.3.1936, in dem über den Besuch Lutzes berichtet wird.
33. WB v. 23.3.1936.
34. Einen Überblick über die Besuche von Prominenten in den dreißiger Jahren gibt Ehlert, Das Dreesen, S. 27 ff..
35. WB v. 9.10.1935.
36. Wahrscheinlich Anfang August 1933, als Heß anlässlich des Festaktes zum 50. Jubiläum des Pädagogiums in Bad Godesberg war, vgl. WB v. 2.8.1933.
37. Kurz nach seiner Ernennung zum Reichssportkommissar Anfang Mai 1933.
38. Wahrscheinlich im September 1934, vgl. WB v. 18.9.1934.

39 Wahrscheinlich im Spätsommer 1935. In dem Buch „Die Stadt Bad Godesberg" (1935), in dem ein ähnliches Foto von ihm abgedruckt wurde, wird von Blomberg schon als Reichskriegsminister bezeichnet. Dies wurde er im Mai 1935 (vorher Reichswehrminister). Das Buch wurde zur Stadtwerdung von Bad Godesberg 1935 herausgegeben und ist deshalb wahrscheinlich im Herbst 1935 erschienen. Nach von Blombergs Kleidung und der Witterung zu urteilen, wurden die Fotos im Spätsommer oder Herbst 1935 aufgenommen.
40 Wahrscheinlich im Frühjahr 1935. Vgl. Die Stadt Bad Godesberg, (S. 8).
41 Am 12. Dezember 1935, anlässlich der Hochzeit von Grete und Hartmann Lauterbacher.

Fotografie und Propaganda –
Ikonographische Bemerkungen über NS-Prominenz im Medium der Fotografie

von Britta Weber

Zur Inszenierung der Macht: Adolf Hitler und Heinrich Hoffmann

Bilder jeglicher Art, seien es Fotografien, Plakate, Gemälde oder Zeichnungen haben eine nachhaltige Wirkung auf das kollektive und individuelle Gedächtnis. Dazu gehören auch die NS-Darstellungen von uniformierten Massen und jubelnden Zuschauermengen, die alle historischen Zäsuren überlebt haben. Eine Aufarbeitung der visuellen Präsentation des Nationalsozialismus hat sich bis heute primär auf die Dechiffrierung dieser NS-Fotografien konzentriert, die man grob gesehen als Wiedergabe nationalsozialistischer Massenrituale bezeichnen kann. Sie sind Gegenstand einer intensiven Auseinandersetzung, die speziell unter dem Aspekt von „Faschismus und Ästhetik" in den letzten Jahren zahlreiche Forschungsprojekte und Ausstellungen hervorgebracht hat.

Auffällig ist, dass die propagandistischen Strukturen und Prozesse des Führerkults nur marginal behandelt wurden. Der stereotype Gebrauch bestimmter NS-Fotografien birgt jedoch die Gefahr einer einseitigen Darstellung. Nährt er nicht weiterhin die Legende vom Mythos der „geborenen" charismatischen Führer-Figur?

Bei der Verwendung von NS-Fotografien wird unausgesprochen suggeriert, dass die Bilder typische Szenen der Geschichte darstellen. Sie geben jedoch nur das wieder, was auch von der NS-Propaganda für die Öffentlichkeit frei gegeben wurde. Insbesondere die „Führer-Fotografien" werden oftmals nicht im Kontext einer langjährigen (Selbst-)Stilisierung gesehen. Unter aller Berücksichtigung des Mangels an Material, das nicht zur Inszenierung „Vom schönen Schein des Dritten Reiches"[1] von den Nationalsozialisten produziert wurde, ist zu bedenken, dass eine Gegenüberstellung von inszenierten Fotos und inoffiziellem Bildmaterial zu einer vielschichtigeren Untersuchung der NS-Fotografie als Propagandamedium beitragen könnte.[2] Eine ikonographische Einordnung des vorliegenden Bildmaterials kann dementsprechend nur erfolgen, wenn die Fotografien im Kontext der NS-Propaganda gesehen werden.

Kurz nach dem Ersten Weltkrieg entstanden neue Forschungsinstitute in Deutschland, deren vorrangige Aufgabe es war, eine Analyse der alliierten Kriegs-Propaganda vorzunehmen. Den Wissenschaftlern gemeinsam war der Glaube an außermilitärische Ursachen für die Niederlage von 1918, der sich in der Überzeugung einer omnipotenten Propaganda widerspiegelte. Das Versagen bzw. Fehlen einer deutschen Propaganda habe Militär und Volk demoralisiert und einen wesentlichen Anteil daran gehabt, dass Deutschland den Krieg verloren habe.

Besonders populär waren die Schriften des französischen Sozialpsychologen Gustave Le Bon. In seinem 1895 in Paris erschienenen Werk „Psychologie des Foules" („Psychologie der Massen") formulierte er umfassende Thesen zur Massenpsychologie und zur suggestiven Kraft von Bildern. Seiner Meinung nach sei die Masse nicht durch Logik und Fakten zu beeinflussen. Wer sie erreichen wolle, müsse an ihre Emotionen appellieren, da der „*Überschwang der Massen sich nur auf die Gefühle und in keiner Weise auf den Verstand erstreckt.*"³ „Psychologie der Massen" liest sich heute noch wie ein Nachschlagewerk massenmedialer Manipulation: „*Die Massen können nur in Bildern denken und lassen sich nur durch Bilder beeinflussen. Nur diese schrecken oder verführen sie und werden zu Ursachen ihrer Taten.*" ⁴

In den Kreisen der populärwissenschaftlichen Veröffentlichungen erlangte 1919/1920 „Die Massenseele. Psychologische Betrachtungen über die Entstehung von Volks-(Massen)-Bewegungen (Revolutionen)" des Münchner Nervenarztes Julius R. Roßbach große Aufmerksamkeit. Ähnlich wie Le Bon war Roßbach davon überzeugt, dass die Masse in Bildern denke und nur auf diesem Weg zu beherrschen sei. Die leicht beeinflussbare „Volksphantasie" müsse aus diesem Grund mit eindeutigen und emotionalen Bildern beeindruckt werden. Eine besondere Bedeutung käme dabei der Funktion des Führers zu: „*Hoffen wir, dass ein deutscher, nicht vom Internationalismus angekränkelter und zersetzter Führer erstehe, mit erzenem Herzen und eiserner Brust, der unser Volk wieder zusammenführt und auch die losen Außenteile mit dem Stammland wieder eint, gleichgültig unter welcher äußeren Fahne. Dann, nur dann, kann Deutschland wieder genesen.*"⁵

Diese Worte könnten auf einen Mann wie eine Inspiration gewirkt haben: Adolf Hitler. Nach der Niederschlagung des Hitler-Putsches in München am 9. November 1923 wurde er im Februar 1924 zu fünf Jahren Haft verurteilt. In der nicht einmal ein Jahr dauernden Inhaftierung in der Festung Landsberg entstand der erste Band von „Mein Kampf". Inwieweit Hitler zu diesem Zeitpunkt von Roßbach oder Le Bon beeinflusst war und deren Schriften rezipierte, kann nicht eindeutig beantwortet werden.⁶ In „Mein Kampf" sind jedoch Anlehnungen zu erkennen, wenn er über die Notwendigkeit von Propaganda schreibt: „*Nach meinem Eintritt in die Deutsche Arbeiterpartei übernahm ich sofort die Leitung der Propaganda. Ich hielt dieses Fach für das augenblicklich weitaus wichtigste. Es galt ja zunächst weniger, sich den Kopf über organisatorische Fragen zu zerbrechen, als die Idee selbst einer größeren Zahl von Menschen zu vermitteln. Die Propaganda mußte der Organisation weit voraneilen und dieser erst das zu bearbeitende Menschenmaterial gewinnen.*"⁷

Das Primat der Massenverachtung in den Thesen der reaktionären Massenpsychologie setzte Hitler in den Kontext seiner ideologischen Betrachtungen: In Übereinstimmung mit Le Bon, der in der Masse „*eine außerordentlich niedrige Geistigkeit*"⁸ zu erkennen glaubte, kennzeichnete er sie als intellektuell minderwertig, die aufgrund ihrer Suggestibilität leicht zu beherrschen sei. Um ihren einfachen Denkmustern zu entsprechen, die primär von Emotionen und Bildern gesteuert würden, müsste Propaganda „*immer mehr auf das Gefühl gerichtet sein und nur sehr bedingt auf den sogenannten Verstand.*"⁹

Die propagandistische Bedeutung des geschriebenen Wortes schätzte Hitler dementsprechend gering ein, für ihn war das Bild „*in all seinen Formen, bis hinauf zum Film*"¹⁰ das Medium zur Eroberung der Bevölkerung. Sein Festhalten an der Omnipotenz der Propaganda zur Beherrschung der Massen umschrieb er 1934 mit den Worten: „*Die Propaganda ist eine wahrhaft fürchterliche Waffe in der Hand des Kenners.*"¹¹

Hitlers Einstellung zur Propaganda bestand aus einem Konglomerat an Motiven, das neben der massenpsychologischen Zielsetzung und dem Novembertrauma von 1918 auch von persönlichen Lebenserfahrungen geprägt war. Sein Wunsch, sich als Künstler zu verwirklichen, war gescheitert. Geblieben war seine Neigung zu Inszenierungen, wie er sie in der Dramaturgie der Opern Richard Wagners zu finden glaubte. Die späteren politischen Bühnenbilder, besetzt mit Fahnen und Fackeln, waren sicherlich auch Hitlers Huldigung an das inszenierte Pathos bekannter Opernbilder. Hitler war von der psychologischen Kraft von Symbolen und den Möglichkeiten, Politik als Schauspiel zu inszenieren, überzeugt. Über eine kommunistische Massenkundgebung vor dem königlichen Schloss im Berliner Lustgarten im Jahr 1918 schrieb er begeistert: *„Ein Meer von roten Fahnen, roten Binden und roten Blumen gaben dieser Kundgebung ein schon rein äußerlich gewaltiges Aussehen. Ich konnte selbst fühlen und verstehen, wie leicht der Mann aus dem Volke dem suggestiven Zauber eines solch grandios wirkenden Schauspiels unterliegt."*[12]

Die NSDAP hatte mit Adolf Hitler einen wirkungsvollen Agitator an ihrer Spitze. Dennoch ist die Propaganda der „Kampfzeit" von der nationalsozialistischen „Staatspropaganda" nach der Machtübernahme zu unterscheiden. Der chronische Geldmangel verhinderte zunächst die offensive Nutzung der Medien. Der Herstellung und Verteilung von Propagandamaterial waren somit enge Grenzen gesetzt, hinzu kamen Kompetenzstreitigkeiten innerhalb der Partei und das Fehlen eines professionellen Netzwerkes. Hitler hatte zwar schon 1924 vor dem Münchner Volksgericht verkündet, man wolle die Propaganda *„zum äußersten steigern"* und *„Hunderte von Rednern in das Volk hinausschicken."*[13] Entsprechende Wege und Möglichkeiten standen der Partei jedoch erst ab 1933 offen. Die bescheidenen Geldmittel, die hauptsächlich aus Eintrittsgeldern zu den Massenveranstaltungen rekrutiert wurden, konnten nun durch staatliche Gelder und Industriespenden erheblich aufgestockt werden. Mit der Einrichtung des Reichsministeriums für Volksaufklärung und Propaganda am 13. März 1933 unter der Leitung von Joseph Goebbels, der zudem noch Reichspropagandaleiter der NSDAP war, konnten finanzielle und organisatorische Mängel endgültig behoben werden.

Mit der Machtübernahme begann sich die NS-Propaganda verstärkt zu personalisieren – der Erschaffung des Hitler-Kultes stand nichts mehr im Wege. Der Fotografie kam dabei eine wichtige Rolle zu. Sie besitzt einen direkten Zugang zur Emotionalität des Betrachters und bietet zudem die Möglichkeit der schnellen Reproduzierbarkeit.

In seiner anfänglichen Phase war es jedoch ein gesichtsloser Hitler-Kult, ein Kult ohne „Führerbilder" gewesen. Die 1923 im Simplizissimus gestellte Frage: *„Wie sieht Hitler aus?"*[14] spiegelte Hitlers damalige fotografische Verweigerung wider. Seine visuelle Anonymität sollte jedoch in einem komplexen Zusammenhang gesehen werden. Die Gründe für Hitlers „Kamerascheu" allein in einer kontrollierten Vermarktungsstrategie zu suchen, würde die aus seiner Biografie vermutbaren Motive ignorieren: Hatte Hitler noch Anfang der zwanziger Jahre in Bayern seinen politischen Aktionismus ungehindert betreiben können, sah er sich in anderen deutschen Ländern mit behördlichen Verboten konfrontiert und wurde dort zeitweise steckbrieflich gesucht. Als Konsequenz daraus war er gezwungen, anonym zu reisen. Er mag befürchtet haben, dass Aufnahmen seiner Person zu Fahndungszwecken verwendet werden könnten und wollte daher eine Verbreitung seines Porträts vermeiden. So beschrieb der spätere Auslandspressechef der NSDAP, Ernst Hanfstaengl, eine Begegnung Hitlers im Jahr 1923 mit Georg Pahl,[15] dem Inhaber einer Berliner Presseillustrationsfirma, mit den Worten: *„Offensichtlich in dem Glauben, einen Bildreporter vor sich zu haben, der es darauf anlege, ihn, den Wortführer der nationalen Sache, vor der Kulisse eines Vergnügungslokals im verjudeten roten Sündenbabel Berlin mit einem Schnappschuß zu erledigen, verlangte Hitler drohend die Herausgabe des Films."*[16]

Die Ausführungen Hanfstaengls zeugen von einer überzogenen Reaktion Hitlers, die sich nicht mit dem Motiv eines propagandistischen Schachzuges erklären lässt und eher der Furcht vor staatlicher Aufmerksamkeit zugeschrieben werden kann: *„Mir lief es heiß und kalt über den Rücken. War Hitler verrückt geworden? Erkannte er denn nicht das Risiko, das er sich mit seinem Getobe einhandelte? Denn wenn der Kameramann tatsächlich wußte, wen er aufs Korn genommen hatte, waren Hitlers hochtrabende Redensarten kaum dazu angetan, ihn entgegenkommend zu stimmen. Und wenn er es nicht wußte, mußte er ebenfalls sehr bald erkennen, daß seiner Kamera ein guter Fang geglückt war. Dann stand möglicherweise das Foto morgen bereits in irgendeiner Berliner Zeitung – und – die Jagd der preußischen Polizei auf den laut Fahndungsblatt in Schutzhaft zu nehmenden p.p. Hitler aus München konnte beginnen. Und in München? Kaum auszudenken, welche Folgen das blamable Geschehnis erst an der Isar haben würde."*[17]

Reichsjugendführer Baldur von Schirach hingegen definierte Hitlers „Kamerascheu" in dem 1932 erschienenen Bildband „Hitler wie ihn keiner kennt. 100 Bilddokumente aus dem Leben des Führers" als bewusste Strategie: *„Populär sein heißt: viel photographiert werden. Adolf Hitler hat sich immer dagegen gesträubt, Objekt der Photographen zu sein. ... Schon damals versuchte die illustrierte Presse der ganzen Welt ein Bild des Führers zu erlangen. Ohne Erfolg. Trotz hoher Geldangebote lehnte Hitler jede Bitte um Überlassung einer Aufnahme zum Zweck einer Reproduktion rundweg ab."*[18] Hitler habe aber durchaus den „ungeheuren propagandistischen Wert der Photographie für die nationalsozialistische Bewegung" erkannt, denn „während die einen von der ‚Riesenpleite' der nationalsozialistischen Versammlungen faselten, stellte Hoffmann seine Panoramabilder der großen Hitlerversammlungen her und widerlegte durch die Photografie die Lüge der Feinde."[19]

Die Äußerungen des Reichjugendführers stehen im Gegensatz zu der Tatsache, dass Hoffmann durchaus mit dem Mittel der Fotomontage arbeitete, um einen regen Zulauf zu den Parteikundgebungen zu suggerieren. Diese Bilder waren eher ungeschickt aus kleineren Fragmenten zusammengestückelt und für einen aufmerksamen Betrachter leicht als Montage zu erkennen.[20]

Auch der Herausgeber des Buches, der Münchener Fotograf Heinrich Hoffmann, kommentierte die bildhafte „Gesichtslosigkeit" Hitlers als Teil einer durchdachten Werbestrategie. In seinen Erinnerungen gibt Hoffmann Gespräche mit dem Münchner Publizisten Dietrich Eckhart wieder, der ein früher Mentor Hitlers gewesen war. Eckhart habe ihm erklärt, *"daß Hitler sehr wohl wisse, warum er sich nicht fotografieren lasse: Ein propagandistischer Schachzug, denn seine bewußte Kamerascheu wirke natürlich sensationell. Man lese und höre nur von ihm, aber man sehe ihn nirgends abgebildet. Die Leute seien dadurch gespannt auf ihn und strömten in seine Versammlungen. Als Neugierige kämen sie, als eingeschriebene Mitglieder der NSDAP gingen sie."* Zudem habe ihm Hitler auf sein Nachfragen hin geantwortet, dass er Angebote prinzipiell nicht annehmen würde; er *"stelle Forderungen, wohldurchdachte Forderungen"*, denn *"wer ein Angebot ohne weiteres akzeptiere, verliert das Gesicht, wie die Chinesen sagen."* [21]

Hoffmanns Aussagen sind kritisch zu betrachten. Er war maßgeblich an der fotografischen Stilisierung des Hitler-Kultes beteiligt und hat als „Führer-Fotograf" die Bildvorstellungen vom „Dritten Reich" nachhaltig geprägt.

Wer war dieser Fotograf, der sich frei in Hitlers nächstem Umfeld bewegen konnte, während andere Pressefotografen nur mit Genehmigung und Auflagen des Reichsministeriums für Volksaufklärung und Propaganda die Möglichkeit zum Fotografieren erhielten?[22]

Als Sohn eines Darmstädter Fotografen 1885 in Fürth geboren, absolvierte Heinrich Hoffmann[23] zunächst eine Lehre im familieneigenen Porträtatelier in Regensburg, bevor er für zahlreiche bekannte Fotografen im In- und Ausland arbeitete. Seinen Wunsch, sich trotz der Erfolge als Fotograf der Malerei zuzuwenden, konnte er gegen den Widerstand des Vaters nicht durchsetzen. 1907 ging er nach London und war zunächst als Porträtist für den berühmten Gesellschaftsfotografen E. O. Hoppé tätig. Hoffmann konzentrierte sich zunehmend auf die Pressefotografie, bevor er 1909 nach Deutschland zurückkehrte. Mit seiner 1913 in München gegründeten Firma „Photobericht Hoffmann" schuf er die geschäftliche Basis für die massenhafte Verbreitung seiner Bilderware. Ein breites Themenspektrum abdeckend, von Politik über Wissenschaft zu Mode und Kultur, sind seine Arbeiten weder von Ausdruck auffallender Ästhetik noch von experimentellen Ansätzen. Hoffmann richtete sich nach den Vorgaben seiner Kunden und setzte diese – auf hohem technischem Niveau – um. Als „Gebrauchsfotograf" konnte er sich auch in den krisenhaften Zeiten vor 1914 sein Auskommen sichern. Seine Vorliebe für Prominentenfotos hingegen zeugte von dem Wunsch nach gesellschaftlicher Anerkennung. Die Orientierung an den politischen und gesellschaftlichen Eliten ist bei Hoffmann bereits vor dem Ersten Weltkrieg zu erkennen. Dem damals weit verbreiteten Motto „Männer machen Geschichte" folgend, plante er ein Bilderarchiv berühmter Zeitgenossen. In Form von *"Abbilden und Registrieren von geschichtsträchtigen Personen und ihren unmittelbaren Handlungen"*[24] wollte er zur Dokumentation von Zeitgeschichte beitragen. Das Archiv wurde jedoch nicht angelegt, der Zugang in die Spitzengruppe der Münchner Fotografen blieb Hoffmann noch verwehrt.

In den Kriegsjahren partizipierte Hoffmann an den beträchtlichen Umsatzsteigerungen des Fotogewerbes, indem er als selbstständiger Kriegsfotograf arbeitete. Nach 1918 arrangierte er sich zunächst mit den neuen politischen Verhältnissen. Erst nach der Zerschlagung der Münchner Räterepublik offenbarte Hoffmann 1919 mit seinem Bildatlas „Ein Jahr bayerische Revolution im Bilde", in dessen Begleittexten sich eine eindeutig rechtskonservative und antisemitische Revolutionsdeutung wiederfindet, seine politische Haltung. Die Broschüre war sowohl ein finanzieller Erfolg als auch von mediengeschichtlicher Bedeutung: Politische Propaganda wurde mittels Text und Bild betrieben, fotografische Darstellung visualisierte ideologische Agitation. Mit seiner nächsten Publikation „Deutschlands Erwachen in Wort und Schrift" exponierte sich Hoffmann 1924 auch öffentlich als Anhänger der NSDAP – beigetreten war er der Partei bereits 1920. Hoffmann war es auch, der 1926 die Gründung des „Illustrierten Beobachters" angeregt hatte.[25] Für die erste Nummer war er presserechtlich verantwortlich. Aus Anlass des Parteitages waren Panoramafotos vom Weimarer Marktplatz zu sehen. Das Titelblatt zeigte Hitler vor dem Hintergrund von Menschenmassen und einem Fahnenmeer. Die Fotomontage sollte vermitteln, welchen enormen Zulauf die NSDAP verzeichnen konnte. Hoffmanns Panoramafotos von NSDAP-Großkundgebungen entwickelten sich zum Markenzeichen der NS-Blätter und trugen wie seine Porträtfotos von Hitler entscheidend zur visuellen Etablierung des Hitler-Kultes bei.

Seine seit den zwanziger Jahren bestehende Freundschaft zu Hitler ermöglichte es Hoffmann, den Anführer der NSDAP ungehindert zu fotografieren. Gemeinsame Kunstinteressen und der Verzicht auf eine Karriere als Maler schufen persönliche Bindungen. Die ersten Porträtfotos vom September 1923 waren der Beginn einer langjährigen Rollensuche bis hin zu den Aufnahmen, die von 1933 bis zum Ende der NS-Herrschaft als repräsentative „Führer-Fotografien" gelten sollten. Die Vielzahl der nichtveröffentlichten Aufnahmen aus der Zeit vor der Machtübernahme lassen vermuten, Hitler habe die Porträtsitzungen dazu genutzt, seine Körpersprache medienwirksam einzustudieren. Mimik und Gestik änderten sich ständig, Fotograf und Objekt waren auf der Suche nach effektvollen Posen.[26] Mit der Ernennung Hitlers zum Reichskanzler im Januar 1933 war diese experimentelle Phase beendet. Es entstand das Motiv „Der Führer als Staatsmann". Die Porträts zeigten Hitler „ohne allegorischen Pomp",[27] auf Attribute der nationalsozialistischen Partei wurde fast gänzlich verzichtet. Eine zurückhaltende Uniformierung und ein minimalistischer Gestus sollten das Bild einer nationalen Integrationsfigur schaffen, die Autorität und staatsmännische Besonnenheit suggerierte. Bildbände überschwemmten den Markt, die Hitler als Staatsmann oder als „Mensch wie du und ich" zeigten und in millionenfacher Auflage gedruckt wurden. Unter dem Titel „Führerbilder. Freie Benutzung oder Nachbildung?" war in der „Photographischen Chronik" zu lesen, dass es zur Zeit keine Person gäbe, „deren Bilder auch nur annähernd eine solche Verbreitung erfahren wie die Bilder des Reichskanzlers."[28]

Die Firma Heinrich Hoffmann bot zudem in Stadtführern, Zeitungsbeilagen, Sammelalben und Postkarten „Hitler-Motive" an. Beliebt waren vor allem die Alben mit Klebebildern von Zigaretten-Unternehmen. Hoffmann belieferte unter anderen den Hamburger „Cigaretten-Bilderdienst" mit 4-Farb- Drucken, die Titel trugen wie „Das ist Adolf Hitler – der Mensch und Führer des deutschen Volkes" (1932) und „Adolf Hitler. Werden, Kampf und Sieg der NSDAP" (1933). Andere von Hoffmann angefertigte Profilbildnisse, die anhand einer ausgefeilten Belichtung Hitler den Anschein einer „visionären Lichtgestalt" geben sollten, fanden hingegen kaum Abnehmer. Erst mit einer Porträtsitzung 1936 wurde die „visionäre Botschaft" – in abgewandelter Form – wieder aufgenommen. In ziviler Kleidung posierte Hitler in streng staatsmännischer Art. Diese Fotos zeigen ein charakteristisches Merkmal der Hoffmann-Porträts: die durch besondere Lichteffekte mystisch in Szene gesetzten „Führer"-Augen, die Hitler charismatische Ausstrahlung verleihen sollten. Im selben Jahr entstanden weitere Aufnahmen, die Hoffmann als Postkarten und in der Beilage des Parteiorgans „Illustrierter Beobachter" veröffentlichte. Diese Aufnahmen unterscheiden sich auffällig von den stereotypen Halbprofilen. Sie zeigen Hitler in eleganter Zivilkleidung, in ruhig-entschlossener Pose und mit siegessicherer Mimik.

In den kommenden Jahren schwand Hitlers Interesse an der porträtierten Stilisierung seiner Person. Gleichwohl versuchte Hoffmann 1937 noch einmal, ihn in entschlossener Feldherrnpose abzulichten.[29] Das Ergebnis war geradezu amateurhaft, bedingt durch Hitlers körperlichen Verfall und Hoffmanns ungewöhnlich dilettantische Bildregie. Auch die letzte Sitzung im Juli 1939 verstärkt den Eindruck, dass die fotografische Selbstdarstellung für Hitler zunehmend an Bedeutung verlor. Die Aufnahmen von Hitler „*mit maskenhaft unbeweglicher Physiognomie und in stocksteifer Körperhaltung*"[30] blieben unveröffentlicht und markierten das Ende der engen Zusammenarbeit.

Hoffmann blieb aber weiterhin *der* Fotograf in Hitlers Nähe, auch wenn die propagandistischen Überlegungen von Goebbels verstärkt die Rahmenbedingungen vorgaben. Die politischen Ereignisse forderten jedoch ein neues Führerbild und wieder war es Hoffmann, der fotografische Inszenierungen schuf: Mit Beginn des Zweiten Weltkrieges traten volksnahe und symbolische Motive in den Hintergrund. Gleichzeitig wurde die visuelle Dominanz Hitlers auf ein Minimum beschränkt. Den Typus des dynamischen Heerführers, umgeben von seinen Soldaten, setzte Hoffmann dementsprechend in den Mittelpunkt seiner Arbeiten. Aufnahmen von Hitler im Führerhauptquartier und an der Front sorgten für eine konsequente Militarisierung des Führerbildes. Der Ende 1939 erschienene Bildband „Hitler in Polen" bescherte Hoffmann einen weiteren finanziellen Erfolg und Hitler das Image des erfolgreichen Feldherrn. Im Gegensatz zu früheren Jahren war jedoch auch Hoffmann seit Januar 1940 von der strengen Zensur der Bildpresse betroffen. Jedes Foto musste vor der Veröffentlichung Hitler vorgelegt werden und auch „Photo-Hoffmann" hatte keine Ausnahmestellung mehr.[31]

Aufgrund seiner engen Verbindung zum Reichskanzler behielt Hoffmann jedoch letztendlich seine Sonderstellung und musste sich der staatlichen Reglementierung nicht bedingungslos fügen. So blieb er mit der stark reduzierten und zensierten Verbreitung der „Führer"-Bilder der wichtigste Lieferant aktueller Hitleraufnahmen. Nicht immer war es Hoffmann selbst, der die Fotos produzierte, doch blieb er bis 1945 der „Führer-Fotograf". So war es auch ein Fotograf der Firma Hoffmann, der die wahrscheinlich letzte Aufnahme von Hitler vor dessen Selbstmord schoss. Es war eine makabre Szene im März 1945 im Garten der Reichskanzlei: Hitler als väterliche Führerfigur, der Kinder für ihre Ergebenheit „bis in den Tod" auszeichnete.[32] Nur wenig später, Anfang April 1945, besuchte Hoffmann Hitler ein letztes Mal im Führerbunker, bevor er sich nach Bayern absetzte: *„Welch unbeschreibliche Erschütterung für mich, den Mann, der fast ein Vierteljahrhundert meines Lebens bestimmt hatte, so zerbrochen und zerschlagen zu sehen!"*[33]

Mit dem Zusammenbruch der NS-Herrschaft endete auch die Erfolgsgeschichte der Firma Hoffmann. Heinrich Hoffmann wurde im Mai 1945 von den Amerikaner inhaftiert und musste sich 1947 vor der Spruchkammer III in München verantworten. Er wurde als Hitlers Günstling und Propagandist des Nationalsozialismus zu zehn Jahren Arbeitslager verurteilt. Zudem erteilte man ihm Berufsverbot und zog sein Vermögen ein.[34] Nach der Haftentlassung lebte Hoffmann wieder in München, wo er im Dezember 1957 starb.

Hoffmanns langjähriges Spruchkammerverfahren brachte das Problem zum Ausdruck, seine propagandistische Bedeutung im Dritten Reich einzuordnen.[35] Ihm konnten weder eine Beteiligung an „Arisierungen" noch die Denunzierung von Verfolgten nachgewiesen werden. Unbestreitbar ist jedoch, dass ihm erst die Karriere als „Leibfotograf des Führers" finanziellen Erfolg und den Zugang zur Elite des „Dritten Reiches" ermöglichte. Der „Gebrauchsfotograf" ohne künstlerische Ambitionen nutzte die sich bietenden Chancen und begleitete Hitler über zwanzig Jahre als Fotograf, Freund und Parteigenosse. Hoffmann sah sich als unpolitischer Chronist, der sich nur den Verhältnissen angepasst habe. Er sei lediglich der Bildlieferant gewesen, auf die textlichen Ergänzungen seiner Fotos habe er keinen Einfluss gehabt. Hoffmanns Selbsteinschätzung wird unter anderem widerlegt durch seine zahlreichen Fotoarbeiten, die auf Plakaten und in Zeitungsartikeln mit eindeutig antisemitischen Parolen ihre Verwendung fanden.[36] Seinem Rückzug auf die Funktion des unpolitischen Handwerkerfotografen stehen zudem die jahrelangen Porträtsitzungen mit Hitler, die zahlreichen eigenen Veröffentlichungen zur Stilisierung der charismatischen Führerfigur und seine Bindung an die NSDAP seit 1920 gegenüber. Hinzu kommt die persönliche Freundschaft zu Hitler, der oft Gast im Hause des Fotografen war. Bis zu seinem Tod hat Hoffmann jedoch beharrlich an der stereotypen Rolle des fotografischen Chronisten festgehalten: *„Ich erkannte, warum Hitler mich fast ein Vierteljahrhundert lang an seiner Seite haben wollte, denn als Zeugen seiner Epoche sind meine Bilder geblieben. Das Mächtige verging, geblieben ist die hauchdünne Filmschicht auf Zelluloid. Mein erstes Bild war der junge Hitler von 1922 und mein letztes der gebeugte, vom Schicksal geschlagene Hitler, kurz vor seinem Tode – zwischen den Trümmern seiner Reichskanzlei. Dann habe ich die Kamera weggelegt, ich habe keine Aufnahme mehr gemacht. Hitler brauchte einen Mann neben sich, der als Augenzeuge 25 Jahre seines Lebens im Bild festhielt. Und dieser Mann war ich."*[37]

Theo Stötzels Momentaufnahmen

1. Der Reichskanzler in entspannter Atmosphäre

Wenn Heinrich Hoffmann davon spricht, dass er fünfundzwanzig Jahre lang an Hitlers Seite war und wenn man weiß, dass er das Bild des Führers wesentlich gestaltet hat, dann stellt sich die Frage, ob es auch Fotos gegeben hat, die nicht zur Inszenierung der Macht dienten.

Das vorliegende, erstmals veröffentlichte Bildmaterial gehört zu den seltenen Aufnahmen, das nicht im Kontext der propagandistischen Nutzung produziert wurde. Sie entstanden im Zeitraum von 1933 bis 1936 im Umfeld von Besuchen Hitlers und anderer NS-Prominenz im Rheinhotel Dreesen in Bad Godesberg.

Einige Fotos dokumentieren eine Rheinfahrt im August 1934. Der Reichskanzler ist auf dem Weg zu einer Massenkundgebung und wird von Hoffmann und hohen Parteifunktionären begleitet. Diesmal ist es aber nicht Hoffmann, der den Auslöser betätigt hat – er ist selbst auf den Bildern zu erkennen (vgl. Abb. 1, 2, 3 und 4) –, sondern der Hobbyfotograf Theo Stötzel.

Auf den ersten Blick unterscheiden sich diese Aufnahmen von den Fotografien Hoffmanns durch eine ungeschickte Bild- und Lichtregie. Unschärfe und „abgeschnittene" Körperpartien geben ihnen einen amateurhaften Charakter. Insbesondere der Gegensatz zu den Hoffmannschen Porträts kommt deutlich zum Ausdruck: Es gibt kaum Nahaufnahmen. Die Gesichter sind der Kamera oft abgewendet bzw. aus ungünstiger Perspektive abgelichtet, ein direkter Blickkontakt zu dem Fotografen ist häufig nicht erkennbar. Stötzel hat die Gelegenheit ergriffen und eine Unmenge von Bildern – zum Teil als Serien – geschossen. Für ihn stand eine Inszenierung der NS-Prominenz nicht zur Debatte, er durf-

Abb. 1, 2, 3

te dabei sein und ungehindert fotografieren – das musste genügen. Berücksichtigt man die Ausnahmestellung von Hoffmann, der sich als einziger Profifotograf im näheren Umfeld des Reichskanzlers bewegen durfte, so hätte man Stötzel kaum erlaubt, die NS-Prominenz in Szene zu setzen und die Fotos später zu veröffentlichen. Er war ein Amateurfotograf, dem man gestattete, ein paar nette Erinnerungsfotos zu knipsen.

Interessant sind die Motive. Besonders auffällig sind Bilder, die während einer Rheinfahrt auf dem Weg zu Saarlandkundgebung entstanden, von denen das prägnanteste zum Titelbild dieser Publikation gewählt wurde: Hoffmann wird fotografiert, während er die Kamera auf Hitler richtet (vgl. Abb. 3 und 4). Hitler stellt sich in Positur, Mimik und Gestik sind auf das staatsmännische Image – siegessicher und selbstbewusst – abgestimmt. Und Stötzel hält diese Szene fest. Es entsteht eine beinahe surreale Konstellation: Das Bild im Bild, ein Schnappschuss, der die Inszenierung einer propagandistisch angelegten Komposition dokumentiert.

Waren offizielle Aufnahmen von Hitler zu diesem Zeitpunkt einem strengen Reglement unterworfen, das nur dem „Führer-Fotografen" Hoffmann fotografische Freiheiten ließ, so schien sich in dieser Situation niemand an Stötzel zu stören. Der Seriencharakter der Aufnahmen, die Stötzel während der Rheinfahrt schoss, zeigt, wie ungehemmt sich der Hobbyfotograf zwischen der NS-Prominenz bewegen konnte, zumal auf dem beengten Raum eines Schiffsdecks ein heimliches Fotografieren kaum möglich gewesen sein dürfte. Dies und die Nähe zu den „Objekten", die Stötzel gar nicht wahrzunehmen scheinen, lassen den heutigen Betrachter verwundern: Keiner wendet sich ab, zeigt Ablehnung oder versucht den Fotografen zu behindern. Stötzel wird auch in nächster Nähe akzeptiert. Dies lässt vermuten, dass die Fotos nicht zur Veröffentlichung gedacht waren und dass diese Tatsache auch Hitler und seinen Mitstreitern bekannt war. Zu deutlich ist der Unterschied, wie Hitler in Positur gebracht wird, wenn Hoffmann die Kamera benutzt.

Die Aufnahmen von Stötzel dagegen sind Momentaufnahmen, die weder von Hitler, Hoffmann oder Goebbels drama-

Abb. 4, 5, 6

turgisch festgelegt wurden. So zeigen zwei Bilder den Reichskanzler zusammen mit Joseph Goebbels und Julius Schaub (vgl. Abb. 5 und 6). Ungewöhnlich ist, dass Hitler sitzt und zu den anderen beiden aufschaut – diese Perspektive widerspricht der Hoffmannschen Dramaturgie, in deren Mittelpunkt immer die überragende „Führer"-Figur steht (vgl. Abb. 5). Auch die Fotografie, auf der Hitler mit geneigtem Kopf auf seine Hände schaut, während sich Goebbels und Schaub vor ihm stehend, ihn offensichtlich ignorierend, unterhalten, entspricht in keiner Weise den Inszenierungen des Münchner Fotografen (vgl. Abb. 6). Der Reichskanzler wirkt weder körperlich dominant noch Autorität ausstrahlend. Bildaufbau und Wahl des Blickwinkels scheinen ohne Intention, Hitler steht nicht im Zentrum der Aufnahme. Er wird nicht vorteilhaft in Szene gesetzt, seine Haltung wirkt verkrampft.[38] Andere Aufnahmen, die einen dramaturgischen Ansatz erahnen lassen (vgl. Abb. 7 und 8), werden durch mangelndes fotografisches Geschick in ihrem Wert gemindert.

Ebenso bemerkenswert sind die „Balkonszenen", die vermutlich im August 1934 entstanden. Hitler unterhält sich ungezwungen mit Wilhelm Brückner und Joseph Goebbels. Er lehnt mit hinter dem Rücken verschränkten Armen an der Wand und hört Brückner zu (vgl. Abb. 9). Der Reichskanzler wirkt entspannt-abwartend, von einem charismatischen Anführer ist nichts zu „spüren". In der eher passiven Körpersprache ist ein deutlicher Gegensatz zu der Herrscher-Figur zu erkennen, wie sie von Hoffmann „ins rechte Bild" gerückt wurde. Hitler mag sich bei einigen Aufnahmen Stötzels der Kamera bewusst gewesen sein, aber er agiert nicht als souveräner Politiker und selbstsicherer Medienstar. Seine frühere Kamerascheu hat er offenbar verloren. Hitler zeigt weder propagandistisches Kalkül noch eine persönliche Abneigung gegenüber dem Fotografieren. Er lässt Stötzel ungehindert seine Aufnahmen machen, fast scheint es, als sei er für ihn unsichtbar. Der Fotoamateur hält auf seinen Bildern einen „Führer und Reichskanzler" fest, der hier manchmal linkisch und

Abb. 7, 8, 9

einsam wirkt, aber auch ein lässiger und phlegmatischer Adolf Hitler ist zu sehen, der in sich versunken seine Umwelt zu vergessen scheint. Nichts deutet daraufhin, dass dieser Mann der „Visionär" einer Massenbewegung und ein machtbesessener Diktator ist. Stötzels Fotografien dechiffrieren die NS-Propaganda und führen im wahrsten Sinne des Wortes „vor Augen", dass das öffentliche, von der NS-Propaganda verbreitete „Führer"-Bild ein Artefakt war. Hitler war nicht immer der umtriebige Machtpolitiker, der mit fast unmenschlicher Willenskraft nur an die Verfolgung der nationalsozialistischen Ziele dachte. Der Mythos der „Führerlegende" wird mit diesen Fotos auf irritierende Weise entlarvt, zeigen sie doch einen Politiker, der ganz banale menschliche Züge und Verhaltensweisen erkennen lässt.

Die fast private Art der Bilder bekräftigt die Vermutung, dass sie von Anfang an nicht publiziert werden sollten. Sie hätten der Bevölkerung einen Reichskanzler ohne Nimbus präsentiert, der nicht in die propagandistische Schablone des Hitler-Kultes gepasst hätte. Die Fotos zeigen seltene Momente jenseits der Inszenierung von Macht. Das Medium Fotografie dient hier nicht dem strategischen Einsatz als Propaganda-Instrumentarium, sondern mehr dem Privatvergnügen. Der nicht perfekte und zufällige Charakter der Aufnahmen eignete sich nicht zur Veröffentlichung, da er nicht den manipulativen Absichten des NS-Regimes entsprach. Hitler und die restliche Politprominenz sind keine Protagonisten einer visuellen Choreographie. Vergleicht man diese Schnappschüsse mit den Bildern der inszenierten „Wirklichkeit", wie sie Hoffmann herstellte, wird die propagandistische Wirkung, die Hoffmanns Fotografien intendierten, umso deutlicher.

Abb. 10, 11, 12

2 „Hitlerjunge Quex" am „Deutschen Rhein"

Die nationalsozialistische Indoktrination erfasste alle Bereiche des Lebens, dazu gehörten auch Alltag und Freizeit. Neben dem traditionellen Kulturbetrieb von Theater, Musik, Kunst und Literatur bedienten sich die Nationalsozialisten ebenso des modernen Mediums Film. Gleichwohl existierte eine systematische Filmpropaganda erst nach der Machtübernahme 1933.[39] Gingen die innerparteilichen Vorstellungen über Form und Inhalt auch auseinander, so war man sich in der NSDAP einig in dem Erkennen des propagandistischen Potentials, das in dem Medium steckte. Sich an der alliierten Filmpropaganda der Kriegsjahre und der offensiven Nutzung durch die Weimarer Linksparteien orientierend, wollte man den Film als politisches Instrumentarium nutzen. Insbesondere Goebbels hat dies früh in seinen Tagebüchern festgehalten.[40]

An die Produktion eigener Propagandastreifen war zu diesem Zeitpunkt noch nicht zu denken. Es fehlte an finanziellen und technischen Voraussetzungen. Die NSDAP konzentrierte sich aus diesen Gründen zunächst auf die ideologische Eroberung der Filmpolitik. Man forderte die rassische „Säuberung" der Filmindustrie und initiierte von Massenkundgebungen und Straßenschlachten begleitete Hetzkampagnen gegen Filme, die nicht den parteipolitischen Interessen entsprachen.

Die Hetze gegen jüdische Produzenten, Regisseure und Schauspieler „legitimierten" die Nationalsozialisten nach der Machtübernahme mit dem Filmkammergesetz vom Juni 1933. Die Gründung der Filmkreditbank im Mai und der Reichsfilmkammer im Juli 1933 hatte die Gleichschaltung des deutschen Films zur Folge. Goebbels filmpropagandistische Intentionen hatten sich bereits im März 1933 gezeigt, als er in seiner Rede an die Filmindustrie erklärte: „Kunst ist frei, die Kunst soll frei bleiben", doch „sittlich und politisch-weltanschaulich müsse sie sich allerdings an Normen gebunden fühlen."[41] Die Novellierung des Reichslichtspielgesetzes ermöglichte den Ausbau der staatlichen Vorzensur, die 1935 in Goebbels uneingeschränkter Zensur gipfelte. Dabei setzte der „Filmminister" auf eine latente Suggestion durch das Massenmedium Film, das zugleich die Unterhaltungsbedürfnisse des Volkes befriedigen sollte. Nicht alle Filme besaßen einen explizit propagandistischen Charakter, obgleich der Begriff des „unpolitischen Films" hier nicht verwendet werden sollte: Propaganda erfolgt nicht immer erkennbar formuliert, sondern kann ebenso verdeckt artikuliert, ideologische Theoreme in filmische Strategien und Erzählmuster verpackt sein.

Die staatliche Unterdrückung von Filmschaffenden, die in politischer Opposition zu dem nationalsozialistischen Regime standen und die rassistische Verfolgung jüdischer Künstler führten zu einem einschneidenden Exodus und großen künstlerischen Verlust für Deutschland. Einige bekannte Schauspieler hingegen ließen sich auf eine „künstlerische Doppelrolle" ein, indem sie sich dem neuen Regime anpassten, nicht „arische" Verbindungen lösten und ihre politische Überzeugung verleugneten. Sie wurden zu Protagonisten in den Filmkulissen des „Dritten Reiches".

Unter den Regisseuren war es Hans Steinhoff,[42] der 1933 mit „Hitlerjunge Quex – Ein Film vom Opfergeist der deutschen Jugend" einen der wirkungsvollsten Propagandafilme der NS-Zeit lieferte. Der Film war ein Projekt der Ufa (Universum-Film-Aktiengesellschaft), des größten Filmkonzerns in Deutschland.[43] Die Ufa, mit den neuen politischen Machthabern kommerziell-opportunistisch taktierend, hoffte auf das stetig wachsende Potential zukünftiger Kinogänger – der Hitlerjugend. In erster Linie wollte man jedoch dem Filmstudio Bavaria und dessen „SA-Mann Brand"[44] Konkurrenz bieten. Die Erwartungen des Konzerns wurden nicht enttäuscht, der Film war bis zum Ende des Dritten Reiches bei der Jugend als Heldenabenteuer sehr beliebt. Allein in den ersten drei Wochen spielte der Film ca. 190 000 Reichsmark ein und zählte bis Ende Januar 1934 fast eine Million Besucher.[45]

Obwohl mit einer deutlich politischen Handschrift versehen, ist „Hitlerjunge Quex" kein tumber Propagandafilm. Die Wandlung des „Knaben Heini" zum „Kämpfer Quex" war für viele Jugendliche die stellvertretende Befriedigung persönlicher Sehnsüchte. Die kameradschaftliche „Abenteuerwelt" der Hitlerjugend bot eine Alternative zum Elternhaus auf der Suche nach der eigenen Identität. Der Film „Hitlerjunge Quex" differenziert die Gegenpartei, indem er zwischen unverbesserlichen und „geläuterten", sich zum Nationalsozialismus bekennenden Kommunisten unterscheidet – man wollte offenbar unentschiedenen Teilen des Publikums auf diese Weise „Möglichkeiten" aufzeigen. Fahnen und Lieder[46] haben in dem Film eine entscheidende Rolle. Neben der Nutzung von Symbolen und theatralisch-bedeutungsvoll eingesetzter Musik bediente sich Steinhoff auch modernster Filmtechnik. So tritt aus dem sterbenden Körper von „Quex" ein Heer von Hitlerjungen und Fahnen heraus, die zum Schluss zu einer überdimensionalen Hakenkreuzfahne verschmelzen.

Die suggestive Kraft der Filmbilder, eine geschickte Erzählweise, die musikalische Untermalung mit agitatorischen Kampfliedern und die für damalige Verhältnisse faszinierenden, weil ungewohnt modernen Schnitt- und Überblendungstechniken, zogen die zumeist jugendlichen Zuschauer in ihren Bann. Das Zusammenspiel dieser cineastischen Mittel erschwerte es ihnen, die Intention von „Hitlerjunge Quex" zu durchschauen.

„Hitlerjunge Quex" war Werbeträger von NSDAP und HJ und galt innerhalb der NSDAP als gelungener Versuch, *„die nationalsozialistische Ideenwelt filmkünstlerisch zur Darstellung zu bringen."*[47] Die Filmpremiere im Münchener Ufa-Palast am 12. September 1933 wurde als pompöser Totenritus gestaltet, an dem Hitler und die NS-Prominenz teilnahmen. Die Saallichter erloschen und unter Trommelwirbel hob sich der Vorhang für die Vorführung. Die Presse berichtete nach der Uraufführung begeistert, man habe in „Hitlerjunge Quex" einen *„Sprecher des jungen, nationalistischen Deutschlands"* gefunden. Der Film sei *„eine Fanfare der deutschen Jugend und damit der deutschen Zukunft",*[48] der es verdiene, von jedem Deutschen gesehen zu werden.

Goebbels attestierte den Hauptdarstellern Heinrich George, Berta Drews, Claus Clausen und Rotraut Richter große Verdienste *„um die künstlerische Gestaltung nationalsozialistischen Ideenguts."*[49] Der Darsteller des „Hitlerjungen Quex",

„*der junge Jürgen, der die Titelrolle innehat,*" so „Die Filmwoche" in einer Kritik, „*ist frisch und natürlich, kein Schauspieler (erfreulicherweise), sondern bloß ein Bub', der sich selbst zeigt.*"⁵⁰

Stötzels Fotoserie zeigt Reichsjugendführer Baldur von Schirach und den „Quex"-Darsteller Jürgen Ohlsen vor dem Rheinhotel Dreesen. Die beiden begleiteten die Aufführung „ihres" Films in verschiedene deutsche Städte.⁵¹ Lokale NS-Prominenz, Hotelbetreiber, Hotelpersonal, der Bürgermeister von Bad Godesberg – sie alle ließen sich bei dieser Gelegenheit von Theo Stötzel am Rheinufer fotografieren (vgl. Abb. 13). Anrührend ist das Foto, auf dem die Tochter des Bad Godesberger Bürgermeisters, Leni Alef, mit schüchternem Blick dem Filmhelden eine Rose überreicht (vgl. Abb. 14).

Obgleich sich Ohlsen auf einigen Fotos erkennbar in die Pose des jugendlichen Heroen wirft (manchmal in unbeabsichtigter Kongruenz zu der Körperhaltung von Schirachs): eine dem Film entsprechende heldenhafte Inszenierung „Vom Opfergeist der deutschen Jugend" existiert nicht (vgl. Abb. 15 und 16). Die Fotografien haben den Charakter von privaten Erinnerungsfotos, wenn man sie aus der Perspektive der „Statisten" betrachtet. Allein Ohlsen wirkt, als sei er sich des Fotografen ausnahmslos bewusst. Fast immer sieht er direkt in die Kamera, lachend oder mit „festem Blick" (vgl. Abb. 13 und 16). In der Uniform der Hitlerjugend scheinen die Figuren Heini Völker und Jürgen Ohlsen zu verschmelzen. Obgleich die Fotografien im halboffiziellen Rahmen entstanden und keineswegs mit den inszenierten Scheinwelten des Films gleichzusetzen sind, hat man den Eindruck, als habe Jürgen Ohlsen hier die Rolle des „Hitlerjungen Quex" nicht abgelegt. Vielleicht konnte sich der Sechzehnjährige nicht wie ein professioneller Schauspieler von seinem Filmpart trennen. Vielleicht ging seine Identifikation aber auch ähnlich weit wie später die seines Publikums, das sich über den Film begeistert äußerte: „*Wie andere Jungen habe auch ich Quex zugleich geliebt und beneidet. Auch ich wäre gern für eine große Sache in den*

Abb. 13, 14 und 15

Kampf gegangen und gestorben; auch ich wollte mich bewähren; auch ich sehnte mich nach den Starken und der Gemeinschaft, die sie zu bilden schienen."[52]

Dieser Wunsch, das furchtbare Resultat einer gelungenen Verblendung durch die NS-Propaganda, ging für viele Hitlerjungen auf tragische Weise in Erfüllung. Sie wurden als letztes Aufgebot in den Krieg geschickt und bezahlten ihre kindliche Sehnsucht nach Ruhm und Ehre mit dem Leben.

Abb. 16, 17

Anmerkungen

1 Vgl. Reichel, Der schöne Schein.
2 Als eine umfassende Studie zur Bedeutung der Fotografie in der NS-Propaganda muss an dieser Stelle genannt werden: Herz, Hoffmann & Hitler.
3 Le Bon, Psychologie der Massen, S. 32.
4 Ebd., S. 44.
5 Paul, Aufstand der Bilder, S. 32.
6 Eine fundierte Diskussion zur Rezeption der frühen Massenpsychologie in Hitlers Vorstellungen von Propaganda bedarf eines umfassenden Quellenstudiums, was an dieser Stelle nicht erfolgen kann. Im Rahmen dieser Arbeit geht es darum, mögliche Einflüsse aufzuzeigen. Es sei weiterführend aber verwiesen auf: Maser, Adolf Hitlers Mein Kampf. Maser sieht in Hitlers Äußerungen zur Propaganda eine deutliche Orientierung an Le Bon. Weiterhin dazu Stein, Adolf Hitler. Stein verweist u. a. auf die „Wiener Jahre" von Hitler, als dieser die Wiener Hofbibliothek benutzte. Zu diesem Zeitpunkt war bereits „Psychologie der Massen" dort verfügbar. Paul, Aufstand der Bilder, hingegen vermutet populärwissenschaftliche Veröffentlichungen als Quelle für Hitlers massenpsychologische Kenntnisse.
7 Nach Maser, Adolf Hitlers Mein Kampf, S. 108.
8 Le Bon, Psychologie der Massen, S. XLI.
9 Nach Maser, Adolf Hitlers Mein Kampf, S. 272.
10 Paul, Aufstand der Bilder, S. 43. Für Hitler umfasste der Begriff des „Bildes" sowohl die Szenarien der Massenkundgebungen als auch die Produkte der modernen visuellen Medien Film und Fotografie. Plakaten sprach er dabei die besondere Funktion der Provokation zu, ihre Farbe und Gestaltung sollten sich dem Betrachter nachhaltig einprägen.
11 Nach ebd., S. 24.
12 Ebd., S. 43.
13 Ebd., S. 26.
14 Heine, „Wie sieht Hitler aus?", S. 107.
15 Georg Pahl gelang es im September 1923, Hitler in Nürnberg abzulichten. Damit war Hitlers fotografische Anonymität beendet. Im selben Monat ließ Hitler bei dem Münchener Fotografen Heinrich Hoffmann erste Porträts anfertigen. Vgl. Herz, Hoffmann & Hitler, S. 94 f..
16 Nach Herz, Hoffmann & Hitler, S. 94.
17 Ebd., S. 94.
18 Ebd., S. 92.
19 Die Gleichschaltung der Bilder, S. 177.
20 Siehe dazu Herz, Hoffmann & Hitler, S. 230.
21 Hoffmann, Hitler, S. 20 und S. 26.
22 Zur Neuordnung der Presse und der Pressefotografie siehe Die Gleichschaltung der Bilder, S. 144 ff.. Zudem Dietrich, Unsere Presse, S.199 – 204.
23 Vgl. Herz, Hoffmann & Hitler, S. 26 ff..
24 Nach Herz, Hoffmann & Hitler, S. 28.
25 Vgl. Paul, Aufstand der Bilder, S. 147.
26 Siehe dazu auch Jaubert, Fotos, S. 70. Eine detaillierte Beschreibung der Porträtsitzungen, anschaulich ergänzt mit Fotomaterial, findet sich bei Herz, Hoffmann & Hitler, S. 99-116.
27 Herz, Hoffmann & Hitler, S. 117.
28 Hansen, Führerbilder, S. 89.
29 Abgebildet in Herz, Hoffmann & Hitler, S. 124.
30 Ebd., S. 123.
31 Vgl. Herz, Hoffmann & Hitler, S. 301.
32 Abgebildet in Herz, Hoffmann & Hitler, S. 327.
33 Hoffmann, Hitler, S. 231.
34 Vgl. Herz, Hoffmann & Hitler, S. 47.
35 Ebd., S. 47. Mehrere Wiederaufnahmeanträge und weitere Verfahren führten zu einer Verkürzung der Haftstrafe auf 4 Jahre, zur Aufhebung des Berufsverbotes und zur Reduzierung des Vermögenseinzuges auf 80 Prozent.
36 Siehe dazu ebd., S. 38 und S. 54. Siehe auch Gilbert, Final Journey, S. 35. Hoffmann fotografierte die Verbrennung von jüdischem Eigentum. Das Bild verwendete er später als Postkarte mit dem Titel: „*Lice-ridden Jewish beds being burned*" (Verlauste jüdische Betten werden verbrannt).
37 Hoffmann, Hitler, S. 232.
38 Siehe dazu Herz, Hoffmann & Hitler, S. 126 ff.. Der Gegensatz zwischen den rassenbiologischen Theoremen und Hitlers eigener Physiognomie bedurften einer geschickten Lichtregie, „nordischer" Attribute in der bildlichen Umgebung Hitlers und gut durchdachter Posen.
39 Vgl. Paul, Aufstand der Bilder, S. 193. Die NS-Propaganda wurde durch Zensurmaßnahmen beschnitten. Filme wie zum Beispiel „Kampf um Berlin" und „Das junge Deutschland marschiert" durften nicht aufgeführt werden.
40 Nach Moeller, Der Filmminister, S. 61. Bezeichnend ist u.a. Goebbels Tagebucheintragung vom 30. Juni 1928 zu der suggestiven Kraft von Filmen. Er

schreibt über den russischen Film „Panzerkreuzer Potemkin": *„Ich muß schon sagen, dieser Film ist fabelhaft gemacht. Mit ganz prachtvollen Massenszenen. Technische und landschaftliche Details von prägnanter Durchschlagskraft. Und die Bombenparolen so geschickt formuliert, dass man keinen Widerspruch erheben kann. Das ist das eigentlich Gefährliche an diesem Film."*

41 Geschichte(n): NS-Film, S. 12.
42 Hans Steinhoff war bereits vor „Hitlerjunge Quex" als Theater- und Filmregisseur bekannt gewesen. Nach 1933 war er einer der Spitzenregisseure der NS-Propaganda im Bereich der politischen Jugendbildung. Er galt als Protegé Baldur von Schirachs und avancierte zum Hauptreferenten in der Filmabteilung der Reichsjugendführung. Vgl. Kreimeier, Die Ufa-Story, S. 322.
43 Zur Geschichte des Ufa-Konzerns siehe Kreimeier, Die Ufa-Story.
44 Siehe dazu ebd., S. 243 f. Im Mittelpunkt des Films steht die Verherrlichung des anonymen Parteikämpfers. Der Film wurde z. T. von den Nationalsozialisten selbst stark kritisiert.
45 Vgl. Albrecht, Hitlerjunge Quex, S. 10.
46 Reichsjugendführer Baldur von Schirach dichtete für „Hitlerjunge Quex" das Lied „Unsere Fahne flattert uns voran...", das später zur Hymne der HJ wurde. Der Liedtext ist vollständig abgedruckt, in: Märtyrerlegenden, S. 142.
47 Märtyrerlegenden, S. 109.
48 Albrecht, Hitlerjunge Quex, S. 28 und S. 30.
49 Kreimeier, Die Ufa-Story, S. 243.
50 Albrecht, Hitlerjunge Quex, S. 30.
51 Aus den Presseberichten nach der Uraufführung in München am 12. September 1933 ist zu entnehmen, dass ein Hitlerjunge nach dem Ende des Films auf der Bühne stand und den Arm zum „Hitler-Gruß" ausstreckte. Eine Untersuchung von Pressestimmen nach anderen Aufführungen könnte Aufschluss darüber geben, ob diese „Szene" wiederholt wurde und ob Ohlsen der Darsteller war. Siehe dazu u.a. Albrecht, Hitlerjunge Quex, S. 28 ff..
52 Albrecht, Hitlerjunge Quex, S. 31.

Kurzbiografien der abgebildeten Personen

Im Folgenden wird über alle auf den Fotos identifizierten und die im Text oder in den Bildunterschriften erwähnten Personen ein kurzer biografischer Abriss gegeben, insbesondere in Hinblick auf ihre politische bzw. militärische Funktion sowie die strafrechtlichen Folgen ihres Handelns nach dem Ende der NS-Diktatur. Zurückgriffen wurde dabei auf die einschlägigen biografischen Lexika zum „Dritten Reich". Hilfreiche Informationen zu den NS-Spitzenpolitikern findet man in dem Band „Die braune Elite I". Zu Rate gezogen wurde auch das Dokument „Das Deutsche Führerlexikon" aus dem Jahre 1934.

Alef, Heinrich (1897-1966).
Zum Zeitpunkt der Aufnahmen bis zum Kriegsende Bürgermeister von Bad Godesberg (heute: Stadtbezirk von Bonn). Nach Kriegsende Internierungshaft. Spruchgerichtsverfahren 1947/ 1949 wegen Zugehörigkeit zum NSDAP-Führercorps. Zunächst zu einem Jahr Gefängnis verurteilt, dann freigesprochen. In den fünfziger und sechziger Jahren wieder politisch tätig.

Beck, Ludwig (1880-1944).
Zum Zeitpunkt der Aufnahmen Generalleutnant, ab Oktober 1933 Chef des Truppenamtes (1935 Chef des Generalstabes des Heeres). Nach Kritik an Hitler 1938 Abschied aus der Wehrmacht. Im Widerstand gegen Hitler tätig, hätte nach dem Gelingen des 20. Juli-Attentats von 1944 Staatsoberhaupt werden sollen. Nach Scheitern des Putsches Selbstmordversuch, kurz darauf erschossen.

Blomberg, Werner von (1878-1946).
Zum Zeitpunkt der Aufnahmen Reichskriegsminister (zuvor ab 1933 Reichswehrminister) und Oberbefehlshaber der Wehrmacht. 1938 wegen „nicht standesgemäßer Heirat" von Hitler entlassen. 1945 von den Alliierten inhaftiert, im Gefängnis gestorben.

Bolle, Karl (1893-1955).
Zum Zeitpunkt der Aufnahmen Referent beim Staatssekretär im Reichsluftfahrtministerium und Rittmeister a. D.. Flieger im Ersten Weltkrieg.

Brückner, Wilhelm (1884-1954).
Zum Zeitpunkt der Aufnahmen Chefadjutant Hitlers (ab 1930 SA-Adjutant Hitlers). Teilnahme am „Hitler-Putsch" 1923. 1940 nach internen Streitigkeiten von Hitler entlassen. 1941 Kriegseinsatz in Frankreich. Nach Kriegsende Internierungshaft, in Spruchgerichtsverfahren zunächst als „Hauptschuldiger", später nur als „Belasteter" eingestuft. Die Hälfte seines Vermögens wurde eingezogen.

Darré, Richard Walter (1895-1953).
Zum Zeitpunkt der Aufnahmen Leiter des SS-Rasse- und Siedlungshauptamtes (1931-1938), Reichsminister für Ernährung und Landwirtschaft und Reichsbauernführer (1933-1942). NS-Ideologe und „Blut und Boden"-Politiker. 1942 Amtsenthebung. Nach Kriegsende Internierungshaft. 1949 im Nürnberger „Wilhelmstraßen-Prozess" zu sieben Jahren Haft verurteilt, 1950 begnadigt.

Dietrich, Otto (1897-1952).
Zum Zeitpunkt der Aufnahmen Reichspressechef der NSDAP (seit 1931). 1937 Staatssekretär im Propagandami-

nisterium und Pressechef der Reichsregierung. Nach Kriegsende Internierungshaft. 1949 im Nürnberger „Wilhelmstraßen-Prozess" zu sieben Jahren Haft verurteilt, 1950 begnadigt.

Dietrich, Sepp (1892-1966).
Zum Zeitpunkt der Aufnahmen Kommandeur der „Leibstandarte-SS Adolf Hitler". 1945 Oberbefehlshaber der 6. SS-Panzerarmee. Nach Kriegsende Internierungshaft. 1946 im „Malmedy-Prozess" zu lebenslanger Haft verurteilt, 1955 begnadigt. 1957 wegen seiner Rolle bei der Ermordung Röhms zu 18 Monaten Haft verurteilt, 1959 vorzeitige Entlassung.

Epp, Franz Xaver Ritter von (1868-1946).
Zum Zeitpunkt der Aufnahmen Reichsstatthalter in Bayern und NSDAP-Reichstagsabgeordneter (1928-1945). 1919 Führer des Freikorps Epp. 1934 Leiter des Kolonialpolitischen Amtes der NSDAP. Nach Kriegsende interniert und in Haft gestorben.

Fleck, Wolfgang (1879-1939).
Zum Zeitpunkt der Aufnahmen Generalleutnant, Kommandeur der 6. Division und Befehlshaber des Wehrkreises VI.

Goebbels, Joseph (1897-1945).
Zum Zeitpunkt der Aufnahmen Reichsminister für Volksaufklärung und Propaganda (seit 1933). Zahlreiche weitere Funktionen. Freitod (mit seiner Ehefrau, nachdem er vorher seine sechs Kinder vergiftet hatte).

Grohé, Josef (1902-1987)
Zum Zeitpunkt der Aufnahmen NSDAP-Gauleiter des Gaues Köln-Aachen (seit 1931). 1944 Reichskommissar für die besetzten Gebiete Belgien und Nordfrankreich. Nach 1945 Selbstmordversuche. 1946 Internierungshaft. Haft in Belgien. 1950 im Spruchgerichtsverfahren zu vier Jahren und sechs Monaten Haft verurteilt, auf Bewährung entlassen.

Guderian, Heinz (1888-1954).
Zum Zeitpunkt der Aufnahmen Oberst. 1938 Chef der schnellen Truppe und General der Panzertruppen. Erfolge als Panzerführer im Polen-, Frankreich- und Russlandfeldzug. Wegen Differenzen mit Hitler 1941 entlassen. 1943 reaktiviert. Nach dem Hitler-Attentat vom Juli 1944 Chef des Generalstabes. Am 28. März 1945 erneut entlassen.

Haake, Heinrich (1892-1945).
Zum Zeitpunkt der Aufnahmen Reichsinspektor bei der Obersten Leitung der politischen Organisation. 1943 SA-Gruppenführer. In britischer Internierungshaft gestorben.

Heß, Rudolf (1894-1987).
Zum Zeitpunkt der Aufnahmen Stellvertreter Hitlers als Parteiführer (ab 1933). Teilnahme am „Hitler-Putsch" 1923. 1941 wegen Friedenssondierungen Flug nach Schottland. Haft in Großbritannien. 1946 im Hauptkriegsverbrecherprozess in Nürnberg zu lebenslanger Haft verurteilt. Nach 41-jähriger Haft Freitod im Militärgefängnis Berlin-Spandau.

Himmler, Heinrich (1900-1945).
Zum Zeitpunkt der Aufnahmen Reichsführer SS (seit 1933). Baute systematisch die Gestapo auf. Ab 1936 „Reichsführer SS und Chef der Deutschen Polizei". Herr über den gesam-

ten nationalsozialistischen Unterdrückungsapparat. 1943 Reichsinnenminister. Freitod in britischer Internierungshaft.

Hitler, Adolf (1889-1945).
Zum Zeitpunkt der Aufnahmen NSDAP-„Führer" (seit 1920) und „Führer und Reichskanzler" (seit 1933/1934). 1938 direkter Oberbefehlshaber der Wehrmacht. Freitod.

Hoepner, Erich (1886-1944).
Zum Zeitpunkt der Aufnahmen Oberst und Chef des Stabes im Wehrkreis I. Im Krieg erfolgreicher Panzergeneral. Nach Differenzen mit Hitler 1942 „wegen Feigheit und Ungehorsam" entlassen. Aktive Beteiligung am militärischen Widerstand gegen Hitler. Im August 1944 hingerichtet.

Hoffmann, Heinrich (1885-1957).
Zum Zeitpunkt der Aufnahmen Hitlers Leibfotograf (seit den zwanziger Jahren). Prägte mit seinen Fotos das öffentliche Bild Hitlers und des NS-Regimes. Hitlers ständiger Begleiter und Kunstberater. Nach Kriegsende Internierungshaft. Spruchgerichtsverfahren 1947 bis 1950. Zunächst als „Hauptbeschuldigter" zu zehn Jahren Arbeitslager und Vermögensentzug verurteilt, dann nur noch als „Belasteter" eingestuft.

Hoßbach, Friedrich (1894-1980).
Zum Zeitpunkt der Aufnahmen Adjutant der Wehrmacht bei Hitler. Im Krieg Divisionskommandeur. 1944 Oberbefehlshaber der 4. Armee. Fertigte 1937 das sog. „Hoßbach-Protokoll" an – eine Niederschrift über eine Besprechung Hitlers mit politischen und militärischen Führern, in der erstmals klar die offensiven militärischen Absichten Hitlers zum Ausdruck kamen.

Knickmann, Heinrich August (1894-1941).
Zum Zeitpunkt der Aufnahmen Führer der SA-Gruppe Niederrhein und Polizeipräsident von Duisburg-Hamborn. 1932 bis 1941 Mitglied des Reichstages. An der Ostfront gefallen.

Körner, Paul (1893-1957).
Zum Zeitpunkt der Aufnahmen Staatssekretär im preußischen Staatsministerium. 1933 und 1936 in den Reichstag gewählt. 1936 Stellvertreter Görings als Beauftragter für den Vierjahresplan. 1941 stellv. Leiter des Wirtschaftführungsstabes Ost. Nach Kriegsende Internierungshaft. 1949 im Nürnberger „Wilhelmstraßen-Prozeß" zu 15 Jahren Haft verurteilt, 1951 entlassen.

Lauterbacher, Hartmann (1909-1988).
Zum Zeitpunkt der Aufnahmen HJ-Obergebietsführer West. 1934 Stabsführer und Stellvertreter des Reichsjugendführers Baldur von Schirach. 1940/1941 Gauleiter und Oberpräsident in Hannover. Nach Kriegsende Internierungshaft. 1948 Flucht. Langjährige Ermittlungsverfahren werden wegen Verjährung eingestellt.

Lutze, Viktor (1890-1943).
Zum Zeitpunkt der Aufnahmen SA-Stabschef (Nachfolger von Ernst Röhm) und Oberpräsident in Hannover (1933-1941). Beteiligte sich an der Niederschlagung des „Röhm-Putsches". Tod durch einen Autounfall.

Milch, Erhard, (1892-1972).
Zum Zeitpunkt der Aufnahmen Staatssekretär im Reichs-

luftfahrtministerium. 1936 General. 1939 Generalinspekteur der Luftwaffe. 1940 Generalfeldmarschall. 1941 Generalluftzeugmeister. Ab 1944 Aufhebung aller Ämter. 1947 im Nürnberger „Milchprozess" zu lebenslanger Haft verurteilt, 1954 entlassen.

Preußen, August Wilhelm Prinz von (1887-1949).

Zum Zeitpunkt der Aufnahmen SA-Obergruppenführer. Vierter Sohn Kaiser Wilhelms II. Nach Kriegsende Internierungshaft. Im Spruchgerichtsverfahren 1948 zu 30 Monaten Arbeitslager verurteilt. Die Strafe galt schon als verbüßt.

Reichenau, Walter von (1884-1942).

Zum Zeitpunkt der Aufnahmen Chef des Ministeramts im Reichswehrministerium. 1939 Oberbefehlshaber der 10. dann der 6. Armee. 1940 Generalfeldmarschall. 1941 Oberbefehlshaber der Heeresgruppe Süd. An Herzversagen gestorben.

Ribbentrop, Joachim von (1893-1946).

Zum Zeitpunkt der Aufnahmen Abrüstungsbeauftragter des „Dritten Reiches" (seit 1934). In verschiedenen diplomatischen Missionen tätig. 1938 Reichsaußenminister. Nach Kriegsende Internierungshaft. 1946 im Hauptkriegsverbrecherprozess in Nürnberg zum Tode verurteilt.

Rickert, Ludwig (1897-1963).

Zum Zeitpunkt der Aufnahmen Oberbürgermeister der Stadt Bonn, davor Handelsschullehrer. Nach Kriegsende Internierungshaft bis 1948. Arbeitete in den fünfziger Jahren wieder als Lehrer.

Röhm, Ernst (1887-1934).

Zum Zeitpunkt der Aufnahmen SA-Stabschef (ab 1931). Teilnahme am „Hitler-Putsch" 1923. Geriet mit seinen Mitstreitern in Konkurrenz zur Reichswehr. 1933 Reichsminister. 1934 wegen „Hochverrats" verhaftet und ermordet.

Rust, Bernhard (1883-1945).

Zum Zeitpunkt der Aufnahmen Reichsminister für Wissenschaft, Erziehung und Volksbildung (ab 1934). 1924 Gauleiter. 1930 NSDAP-Reichstagsabgeordneter. Freitod.

Schaub, Julius (1898-1967).

Zum Zeitpunkt der Aufnahmen persönlicher Adjutant Hitlers (ab 1925). Teilnahme am „Hitler-Putsch" 1923. Nach Kriegsende Internierungshaft bis 1949.

Schirach, Baldur von (1907-1974).

Zum Zeitpunkt der Aufnahmen Reichsjugendführer der NSDAP (ab 1931) und Jugendführer des Deutschen Reiches (ab 1933). 1940 Reichsstatthalter und Gauleiter in Wien. 1946 im Hauptkriegsverbrecherprozess in Nürnberg zu 20 Jahren Haft verurteilt, 1966 entlassen.

Schreck, Julius (1898-1936).

Zum Zeitpunkt der Aufnahmen SS-Brigadeführer, Begleiter und Fahrer Hitlers.

Terboven, Josef (1898-1945).

Zum Zeitpunkt der Aufnahmen Oberpräsident der Rheinprovinz. Teilnahme am „Hitler-Putsch" 1923. 1940 Reichskommissar in Norwegen. Am Tage der Kapitulation Freitod.

Tschammer und Osten, Hans von (1887-1943).

Zum Zeitpunkt der Aufnahmen Reichssportkommissar,

später Reichssportführer. Beauftragter für die gesamte körperliche Erziehung der deutschen Jugend. Präsident des Deutschen Olympischen Ausschusses der Spiele 1936 in Garmisch-Partenkirchen und Berlin.

Weisheit, Hans (1901-1954).

Zum Zeitpunkt der Aufnahmen NSDAP-Kreisleiter in Bonn. 1934 Amtsbürgermeister. 1936 Landrat Kreis Siegburg und Mitglied des Reichstages (bis 1938). Nach Kriegsende Internierungshaft. Im Entnazifizierungsverfahren in Kategorie III („minderbelastet") eingestuft. Anspruch auf ein Ruhegehalt wurde aberkannt.

Eine Chronik vom Januar 1933 bis zum März 1936

Die vorliegenden Fotos wirken „harmlos", zeigen sie doch Funktionsträger in zumeist halboffiziellen Situationen. Aber in den Entstehungsjahren dieser Aufnahmen bauen eben diese neuen Machthaber Schritt für Schritt die nationalsozialistische Gewaltherrschaft auf, die so viel Leid über die Menschen in Europa und in der Welt brachte. Die wichtigsten Etappen hin zu dieser Diktatur zeigt die folgende Chronik auf:

30. Januar 1933
Adolf Hitler wird Reichskanzler, erste Kabinettssitzung (letzte am 5. Februar 1938).

1. Februar 1933
Auflösung des Reichstages.

4. Februar 1933
Verordnung „zum Schutze des deutschen Volkes". Eingriffe in die Presse- und Versammlungsfreiheit, erste rechtliche Handhabe für Verfolgungen von politischen Gegnern.

ab 12. Februar 1933
„Säuberungen" der höheren Beamtenschaft und der Polizei in Preußen.

22. Februar 1933
Aufstellung von Hilfspolizei aus SA, SS und Stahlhelm in Preußen (etwa 50 000 Mann).

27. Februar 1933
Reichstagsbrand.

28. Februar 1933
Die Verordnung „zum Schutz von Volk und Staat" setzt die Grundrechte außer Kraft. Beginn der willkürlichen „Schutzhaft"-Aktion gegen politische Gegner.

3. März 1933
→ *Zum Beispiel Ernst Thälmann:*
Der KPD-Vorsitzende und Reichstagsabgeordnete kommt ins KZ und wird dort 1944 ermordet.

4. März 1933
→ *Zum Beispiel Otto Braun:*
Der ehemalige preußische SPD-Ministerpräsident flüchtet in die Schweiz.
Insgesamt gehen 27 Reichs- und Länderminister sowie 264 Reichs- und Landtagsabgeordnete ins Exil.

5. März 1933
Reichstagswahl. Trotz NS-Terrors erreicht die NSDAP „nur" 43,9 % der Stimmen. Hitler bleibt Reichskanzler.

5. bis 9. März 1933
Politische Eroberung der nicht-nationalsozialistisch regierten Länder (zum Beispiel: Hamburg, Hessen, Bayern), Polizeikommissare werden eingesetzt.

8. März 1933
Reichsinnenminister Wilhelm Frick kündigt die Errichtung von Konzentrationslagern an.

13. März 1933
Joseph Goebbels wird Chef des neugegründeten „Reichsministeriums für Volksaufklärung und Propaganda".

13. März 1933
→ *Zum Beispiel Konrad Adenauer und Josef Zander:*
Nach der preußischen Kommunalwahl ersetzen in den Städten und Gemeinden vielfach kommissarische NS-(Ober-)Bürger-

meister die bisherigen Amtsinhaber. So müssen auch der Kölner Oberbürgermeister und der Bad Godesberger Bürgermeister dem politischen Druck weichen.

20. März 1933

KZ Dachau wird eingerichtet.

21. März 1933

„Tag von Potsdam", Konstituierung des neuen Reichstages. Hitler erweist Reichspräsidenten von Hindenburg seine Reverenz.

21. März 1933

„Heimtückegesetz" tritt in Kraft, Sondergerichte entstehen. Einlieferung der ersten Gefangenen in das KZ Oranienburg.

23. März 1933

Reichstagssitzung. Annahme des „Ermächtigungsgesetzes". Reichsregierung kann verfassungsändernde Gesetze erlassen.

1. April 1933

Von der NSDAP und vom Propagandaministerium organisierte Boykott-Aktion gegen jüdische Geschäfte.

1. April 1933

→ *Zum Beispiel Willy Brandt:*
Der SAP-Politiker flüchtet nach Norwegen.

7. April 1933

„Gesetz zur Wiederherstellung des Berufsbeamtentums". „Politisch Unzuverlässige" und Juden werden vom Beamtendienst und von anderen Berufen ausgeschlossen.

1. Mai 1933

„Tag der nationalen Arbeit". 1. Mai erstmals gesetzlicher Feiertag. Massenkundgebungen.

1. Mai 1933

NSDAP-Aufnahmesperre. Seit 30. Januar 1933 1,6 Millionen neue Mitglieder.

2. Mai 1933

Zerschlagung der Gewerkschaften. Besetzung der Gewerkschaftshäuser.

10. Mai 1933

Verbrennungen von Büchern „undeutscher" Autoren in Universitätsstädten.

1. Juni 1933

„Adolf-Hitler-Spende der deutschen Wirtschaft". Alle Betriebe spenden jährlich 5 Promille der Lohn- und Gehaltssumme des Vorjahrs zugunsten der NSDAP.

22. Juni 1933

Verbot der SPD, danach Selbstauflösung anderer Parteien.

6. Juli 1933

Hitler erklärt, „Evolution" müsse „Revolution" ablösen.

6. Juli 1933

→ *Zum Beispiel Kurt Schumacher:*
Der SPD-Reichstagsabgeordnete wird verhaftet und bleibt für fast 10 Jahre in Konzentrationslagern.

14. Juli 1933

„Gesetz zur Verhütung erbkranken Nachwuchses", zwangsweise Sterilisierung von Erbkranken möglich.

14. Juli 1933

„Gesetz gegen die Neubildung von Parteien". „Gesetz über Aberkennung der deutschen Staatsangehörigkeit".

20. Juli 1933

Abschluss des Reichskonkordats mit dem Vatikan.

31. August bis 3. September 1933
NSDAP-„Parteitag des Sieges".

22. September 1933
„Reichskulturkammer-Gesetz". Berufsverbot für Kulturschaffende aus politischen und rassischen Gründen möglich.

29. September 1933
„Reichserbhofgesetz": „Bauer kann nur sein, wer deutscher Staatsbürger ist."

14. Oktober 1933
Austritt Deutschlands aus dem Völkerbund und der Abrüstungskonferenz in Genf.

Ende Oktober 1933
Der „Machtergreifung" am 30. Januar fielen bis zum Oktober etwa 600 Menschen zum Opfer, 100 000 wurden verhaftet.

12. November 1933
Reichtags„wahl": Über 95-prozentige Zustimmung für die NSDAP.

14. Dezember 1933
„Gesetz zur Ordnung der nationalen Arbeit". In die „Betriebsgemeinschaften" wird das „Führer-Gefolgschafts-Verhältnis" eingeführt.

30. Januar 1934
„Gesetz über den Neuaufbau der Länder". Länderparlamente werden aufgelöst, Hoheitsrechte fallen an das Reich.

24. April 1934
„Gesetz zur Errichtung des Volksgerichtshofes".

30. Juni 1934
Niederschlagung der „Röhm-Revolte". Ernst Röhm, zahlreiche SA-Führer und politische Gegner werden ermordet.

30. Juni 1934
→ *Zum Beispiel Kurt von Schleicher:*
Der letzte Reichskanzler der Weimarer Republik wird ermordet.

2. August 1934
Tod des Reichspräsidenten Paul von Hindenburg. Hitler wird „Führer und Reichskanzler". Die Reichswehr wird auf Hitler vereidigt.

13. Januar 1935
Saarabstimmung. Das Saarland gehört wieder zum Deutschen Reich.

16. März 1935
Einführung der allgemeinen Wehrpflicht.

Mai/ August 1935
Verstärkte Boykottmaßnahmen gegen Juden, gewaltsame Ausschreitungen.
→ *Zum Beispiel Josef Levy:*
Der jüdische Metzgermeister aus Mehlem (heute Stadtteil von Bonn) fällt im Juni einem antisemitischen Mordanschlag von SA-Männern zum Opfer.

26. Juni 1935
Sechsmonatige Arbeitsdienstpflicht für junge Männer.

10. bis 16. September 1935
NSDAP-„Parteitag der Freiheit". Verkündung der „Nürnberger-Gesetze", rechtliche Grundlagen für die Ausgren-

zung der Juden aus der Gesellschaft. Beginn der systematischen Judenverfolgung, die zum Holocaust führen wird.

7. November 1935

Öffentliche Vereidigung des ersten Rekrutenjahrgangs auf Hitler.

6. bis 16. Februar 1936

Winter-Olympiade in Garmisch-Partenkirchen.

7. März 1936

Wehrmacht besetzt vertragswidrig das entmilitarisierte Rheinland.

29. März 1936

Reichstags„wahl": Hitler erhält für seine Politik 99 % Ja-Stimmen.

Quellen und Literatur

I. Archivalien
(StA) Stadtarchiv Bonn: Go 1746.
(LHA) Landeshauptarchiv Koblenz: 403/ 16736.
Die Aufnahmen von Theo Stötzel stammen aus dem Privatbesitz Lilo Krügers (Bad Godesberg), die sie dem Stadtmuseum Bonn freundlicherweise zur Verfügung gestellt hat.

II. Gedruckte Quellen und Literatur
Adolf Hitler. Bilder aus dem Leben des Führers, hrsg. vom Cigaretten Bilderdienst Altona/ Bahrenfeld, Leipzig 1936.
Adressbücher der Stadt Bonn 1920-1950.
Albrecht, Gerd, Arbeitsmaterialien zum nationalsozialistischen Propagandafilm: „Hitlerjunge Quex – Ein Film vom Opfergeist der deutschen Jugend", Frankfurt/ M. 1983.
Biographisches Lexikon zum Dritten Reich, hrsg. v. Hermann Weiß, Frankfurt/ M. 1999.
Bothien, Horst-Pierre, Wegweiser durch die Literatur zur NS-Geschichte in Bonn (Forum Geschichte 1), Bonn 1998, mit Ergänzung 1999.
Die braune Elite I, 22 biographische Skizzen, hrsg. v. Ronald Smelser, Enrico Syring und Rainer Zitelmann, 4. Aufl., Darmstadt 1999.
Das Deutsche Führerlexikon 1934/ 1935, Berlin 1934.
Dietrich, Otto, 12 Jahre mit Hitler, München 1955.
Dietrich, Otto, Unsere Presse im Wahlkampf, in: Unser Wille und Weg, Nr. 17, München 1932
Domarus, Max, Hitler. Reden und Proklamationen 1932-1945, kommentiert von einem deutschen Zeitgenossen, München 1962 ff..
Ehlert, Jürgen, Das Dreesen – 100 Jahre Geschichte und Geschichten im Rheinhotel Dreesen, Bonn 1994.
Fest, Joachim C., Hitler. Eine Biographie, Berlin 1987.
„Für Deutschland". Die Männer des 20. Juli, hrsg. v. Klemens von Klemperer, Enrico Syring und Rainer Zitelmann, Frankfurt/ M. 1993.
(GA) General-Anzeiger für Bonn und Umgegend 1933 bis 1936.
Geschichte(n): NS-Film – NS-Spuren heute, hrsg. von Hans Krah, Kiel 2000.
Gilbert, Martin, Final Journey. The Fate of the Jews in Nazi Europe, London/ Boston/ Sydney 1979.
Die Gleichschaltung der Bilder. Zur Geschichte der Pressefotografie 1930-36, hrsg. v. Diethart Kerbs, Walter Uka, Brigitte Walz-Richter, Berlin 1983.
Godesberger Woche 1933 bis 1936.
Grohé, Josef, Der politische Kampf im Rheinlande nach dem Weltkriege, in: Der Kampf um den Rhein, hrsg. v. Karl F. Choduba, Bonn 1943 (Kriegs-Vorträge der Rhein. Friedr.-Wilh.-Universität Bonn, Band 1), S. 325-343.
Hansen, Fritz, Führerbilder. Freie Benutzung oder Nachbildung?, in: Photographische Chronik, 1933, S. 88-89.
Heine, Thomas Theodor, „Wie sieht Hitler aus?", in: Simplizissimus, Nr. 9, 28. Mai 1923.
Herz, Rudolf, Hoffmann & Hitler. Fotografie als Medium des Führer-Mythos, München 1994.

Hitler, Adolf, Mein Kampf. Zwei Bände in einem Band, 691.-695. Aufl., München 1942.

Hoffmann, Heinrich, Hitler, wie ich ihn sah. Aufzeichnungen seines Leibfotographen, München 1974.

Hoffmann, Hilmar, Film – „... und zähle nicht die Toten!" Die Funktion von Film und Kino im Dritten Reich, in: Die Kultur unseres Jahrhunderts, hrsg. v. Hilmar Hoffmann und Heinrich Klotz, Düsseldorf u. a. 1991.

Jaubert, Alain, Fotos, die lügen. Politik mit gefälschten Bildern, Frankfurt/ M. 1989.

Kershaw, Ian, Hitler 1889-1936, Stuttgart 1998.

Kershaw, Ian, Hitlers Macht, München 1992.

Klaus, Ulrich J., Deutsche Tonfilme. Filmlexikon der abendfüllenden deutschen und deutschsprachigen Tonfilme nach ihren deutschen Uraufführungen, 4. Jg. 1933, Berlin, Berchtesgarden 1992.

Kreimeier, Klaus, Die Ufa-Story. Geschichte eines Filmkonzerns, Frankfurt/ M. 2002.

Le Bon, Gustave, Psychologie der Massen (1908), 15. Aufl., Stuttgart 1982.

Longerich, Peter, Die braunen Bataillone. Geschichte der SA, München 1989.

Märtyrerlegenden im NS-Film, hrsg. von Martin Loiperdinger, Opladen 1991.

Maser, Werner, Adolf Hitlers „Mein Kampf". Geschichte. Auszüge. Kommentare, 9. Aufl., München 2001.

Die Militärelite des Dritten Reiches. 27 biographische Skizzen, hrsg. v. Ronald Smelser und Enrico Syring, Frankfurt/ M. 1995.

Moeller, Felix, Der Filmminister. Goebbels und der Film im Dritten Reich, Berlin 1998.

Pätzold, Kurt; Manfred Weißbecker, Rudolf Heß. Der Mann an Hitlers Seite, Leipzig 1999.

Paul, Gerhard, Aufstand der Bilder. Die NS-Propaganda vor 1933, Bonn 1990.

Paul, Gerhard, „Deutsche Mutter – heim zu Dir!" Warum es mißlang, Hitler an der Saar zu schlagen. Der Saarkampf 1933 bis 1935, Köln 1984.

Reclams Lexikon des deutschen Films, hrsg. von Thomas Kramer, Stuttgart 1995.

Reichel, Peter, Der schöne Schein des Dritten Reiches. Faszination und Gewalt des Faschismus, München/ Wien 1991.

Sauer, Wolfgang, Die Mobilmachung der Gewalt, Köln/ Opladen 1974 (3. Teil des Werkes „Die nationalsozialistische Machtergreifung").

Schmidt, Peter, 20 Jahre Soldat Adolf Hitlers. Zehn Jahre Gauleiter. Ein Buch von Kampf und Treue, Köln 1943.

Schulte, Albert, Hitler und Chamberlain in Bad Godesberg 1938, in: Godesberger Heimatblätter Bd. 11 (1973), S. 5-71.

Schulte, Albert, 100 Jahre Volksschule Rüngsdorf, in: Godesberger Heimatblätter Bd. 10 (1972), S. 5-45.

Shirer, William L., Aufstieg und Fall des Dritten Reiches, Köln o. J. (1961).

Smelser, Ronald, Robert Ley. Hitlers Mann an der „Arbeitsfront". Eine Biographie, Paderborn 1989.

Die Stadt Bad Godesberg. Geschichte und Leben der jüngsten deutschen Stadt, Bad Godesberg o. J. (1935).

Stein, Alfred, Adolf Hitler und Gustave Le Bon. Der Meister der Massenbewegung und sein Lehrer, in: Geschichte in Wissenschaft und Unterricht 6 (1955), S. 362-368.

Stein-Rubarth, Edgar, Die Propaganda als politisches Instrument, Berlin 1921.

Stockhorst, Erich, 5000 Köpfe. Wer war was im 3. Reich, Kiel 1985.

Die Tagebücher von Joseph Goebbels. Sämtliche Fragmente, hrsg. v. Elke Fröhlich im Auftrag des Instituts für Zeitgeschichte und in Verbindung mit dem Bundesarchiv, Teil I, Aufzeichnungen 1924-1941, München u.a. 1987.

Tyrell, Albrecht, Vom „Trommler" zum „Führer", München 1975.

(WB) Westdeutscher Beobachter, Ausgabe Bonn 1933 bis 1936.

Wistrich, Robert, Wer war wer im Dritten Reich? Ein biographisches Lexikon, Frankfurt/ M. 1987.

Zu den Autoren

Dr. Horst-Pierre Bothien, *1955, ab 1985 Mitarbeiter der Bonner Gedenkstätte für die Opfer des Nationalsozialismus, seit 1991 wissenschaftlicher Mitarbeiter im Stadtmuseum Bonn.

Prof. Dr. Hans Mommsen, *1930, von 1968 bis 1996 Professor für Neuere Geschichte an der Bochumer Ruhr-Universität, zahlreiche Veröffentlichungen insbesondere über den Nationalsozialismus und den Widerstand, zuletzt als Gastwissenschaftler am United States Holocaust Memorial in Washington D.C. tätig.

Britta Weber M.A., *1967, regionalgeschichtliche Arbeiten über das Schicksal jüdischer Gemeinden, Mitarbeit an verschiedenen historischen Projekten und Veröffentlichungen zur Geschichte des Ruhrgebiets, zur Zeit als Kulturreferentin tätig.